中公新書 2844

白井 俊著

世界の教育はどこへ向かうか

能力・探究・ウェルビーイング

中央公論新社刊

はじめに

私たちは、ふだん何気なく「能力」や「探究」、「主体性」といった言葉を使っている。これらはいずれも、日本の教育を考える際に必ずと言ってよいほど登場する言葉だが、実は、多義的で捉え方が難しい。

多義的であるということは、人によって、想定している内容が異なる場合があるということだ。例えば、教師が子供たちの能力や主体性を伸ばすために努力しても、それは社会が期待している能力や主体性とは同じではないかもしれない。あるいは、一生懸命に探究の授業づくりに取り組んでも、それは保護者や子供たちが期待している探究とは異なるものかもしれないのである。

問題は、こうした言葉の解釈だけではない。そもそも、教育が何を目指すべきなのか、学校や教師の役割は何なのだろうか。私たちの多くは、これまでの自分の体験などに基づいて、

「大体、こんなものだろう」と考えているかもしれない。しかし、こうした認識もまた、人によって違い得る。

本書では、OECD(経済協力開発機構)やユネスコ(国際連合教育科学文化機関)などの国際機関、シンガポールやフィンランドなどの諸外国における議論や教育事情について随所で触れている。その目的は、世界の教育がどこへ向かっているかを参考にすることで、日本の教育を捉え直すことにある。例えば上述の能力や探究、主体性といった概念はもちろん、教育の目的や、学校や教師が果たすべき役割といったことも含めて、実は教育の根本とも言うべき重要なことがらが、あまり議論されないままに同床異夢となっていることも多い。そこに、諸外国との比較というレンズを入れて考察することで、私たちの認識の違いを浮き彫りにしようとする試みであり、本書を通じて、日本の教育が目指す方向性についての共通理解が進むことになればと考えている。

本書の序章は、教育面で注目を集めるエストニア、フィンランド、シンガポールの事例を参考にしながら、世界の教育改革がどう変わってきたかを概観することから始める。教育におけるデジタル化の意味を構造的に捉え直すとともに、学力で常に注目されるフィンランド、シンガポールの教育事情に迫る。また、教師を取り巻く事情が、国際的に変化していることについても触れる。

第一章から第五章では、教育に関して主要な五つの論点を挙げ、それぞれについて国際的な視点から検討し、日本における教育の方向性を考える。

第一章のテーマは、「教育は何を目指すべきか」である。教育という仕組みも、産業や医療、福祉など大きな社会システムの一部に過ぎない。その意味では、そもそも世界がどのような方向に動いているのか、という視点から教育について俯瞰《ふかん》的に捉えることが重要になる。その際に参考になるのが、いまや普遍的な理念となりつつある、国際連合（国連）が主導するSDGs（持続可能な開発目標）や、OECDによるウェルビーイングといった考え方である。これらに共通するのが、経済成長中心の世界観から人間重視の世界観に転換する過程で登場した概念ということである。今の学校で必要とされているのは、まさに子供たち一人一人に向き合い、「個人の尊厳」を大切にしていくことなのではないだろうか。

第二章のテーマは、「主体性」である。日本の教育では主体性が大事だということが繰り返し唱えられてきた。しかし、各種の国際比較データを見る限り、日本人の主体性は強いとは言えないし、そもそも、主体性とは何かの共通理解が十分ではないように見える。ここでは、主体性の英語訳が何かということを考えながら、特にOECDが提案する「エージェンシー（自分で目標を設定し、振り返り、責任をもって行動する力）」という概念と比較して考えることで、日本の「主体性」が目指すべき方向性を考える。

第三章では、子供たちに求められる「能力」について考える。伝統的な認知能力に加えて、近年では、リーダーシップや粘り強さ（グリット）などの「非認知能力」が重要だとされている。ただ、こうした能力の発揮においては、場面や文脈が非常に重要になってくる。例えば、リーダーシップは大切だが、他にリーダーがいるのにもかかわらず、それを押しのけてリーダーシップを発揮しようとすることは、むしろ状況を判断する力や他者を尊重する態度の欠如とも言える。「能力」の育成を考える際に、こうした側面は十分に考慮されているのだろうか。これまでの日本の議論に欠けている視点を、「コンピテンシー（能力）」に関する議論を手がかりに考える。

第四章では、「探究」を取り上げる。近年日本では、大学入試で探究型試験が導入されたり、高等学校で探究科が設置されたりするなど、探究が注目されている。しかし、そもそも探究が何かということについて、共通理解はあるのだろうか。実は、国際的な議論では、探究はそれほど注目されている概念とは言えないのだが、なぜ、日本とのギャップが生じているのだろうか。世界に先駆けて導入が決まった「総合的な学習の時間」の歴史を振り返りつつ、諸外国における事例とも比較しながら、本来の探究がどうあるべきかに迫る。

第五章で取り上げる「何をどこまで学ぶべきか」という問題は、探究を進めていくうえでも避けては通れない課題である。現状の学校には、時間的な余裕がない。学校教育には、英語、プログラミング、環境教育、防災教育、金融教育、国際理解教育など、実に多くの要素が求められている。もちろん、どれも大切なことではあるが、授業時間が有限な中で、すべての要素を扱うことはできないし、無理に詰め込んでも意味があるとは限らない。実際、ＯＥＣＤが国際的な学力調査であるPISA（生徒の学習到達度調査）で金融リテラシーを測定したところ、カリキュラム上で金融教育を扱っていることとスコアの間に相関関係は見られず、むしろ、数学をしっかり理解している方が好スコアにつながっていると指摘されている。ここから示唆されるのは、様々な知識を表面的に身につけることよりも、本質的な思考力を磨くことの方が重要であるということだ。各国が直面するカリキュラム・オーバーロード（教育課程の過積載）に陥らないためにどうすべきか、この問題への対応について検討する。

終章では、以上の議論を踏まえつつ、「ニュー・ノーマル」の教育像が示す今後の方向性に触れるとともに、未来の学校がどのような形になっていくか、OECDやユネスコが示しているレポートを踏まえながら考察する。

日本も含めて、どの国の教育にも優れた部分もあれば、課題もある。重要なことは、客観的な事実やデータに基づいてそれぞれの教育を捉え直し、その強みは生かしつつ、課題があれば修正していくという作業を、丁寧に続けていくことだろう。

本書が、現場で奮闘されている教職員、生徒、保護者や地域の方々をはじめとして、教育に携わる多くの方々の後押しとなり、一人でも多くの子供たちが「充実した学校生活だった」「この学校に行ってよかった」「この先生に出会えてよかった」などと学校生活を振り返ることができるようになれば、これに勝る喜びはない。

＊本書は、筆者が所属する組織の見解を示すものではありません。

目次

序章　変わる世界の教育

1　デジタル化の影響

テクノロジーと教育の競争

20世紀後半は、デジタル社会の草創期だった。それまでは専門家や一部の愛好家だけの特別なものだったパソコンが、1995年にマイクロソフトからWindows95が、1998年にアップル・コンピュータからiMacが発売されるなど、一般にも急速に普及するようになってきた。さらに、通信環境が整い始めたことで、Eメールやネットショッピングも普及し、20世紀の末から21世紀にかけて、私たちの生活や仕事のスタイルが急速に変わり始めた。

社会が急速にデジタル化する一方で、教育における変化は遅々としたものだった。子供たちが、家庭ではスマートフォンやパソコンなどを使いこなすようになっても、学校ではスマートフォンをロッカーに入れておくように指導されたり、パソコンは鍵のかかった特別教室のみで使うことが許されたりした。社会で既に広く使われているデジタル機器が、学校の中だけは使えないという奇妙な状況が続いてきたのである。いわば、社会と学校の乖離《かいり》が生じていたとも言える。

図表1　テクノロジーと教育の競争

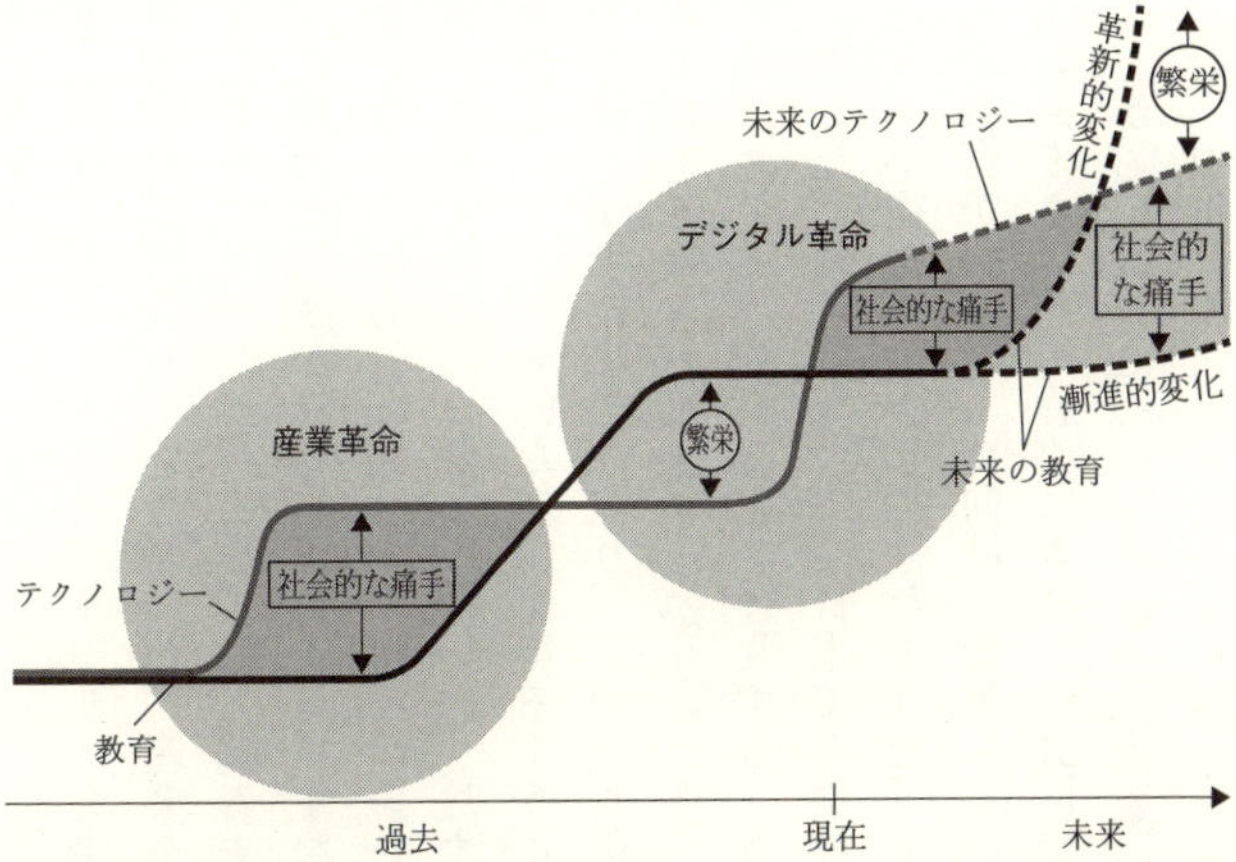

出典：Goldin＆Katz（2010）を参考にOECD作成

図表1は、OECDが示している「テクノロジーと教育の競争」と題するモデルである。歴史的に、技術革新（例えば、18世紀半ばから19世紀にかけて起きた産業革命）によって社会の変化が起きると、教育がそれに追いついていくことができない期間が生じてくる（図表中「社会的な痛手」）。しかし、社会で新たな技術に通じた人材が求められているのに、教育がそうした人材を育成できていないとなれば、時代遅れなものとして教育に対する批判が起きる。一方で、社会の変化に合わせて教育が変わってくると、社会の求めに応じた人材を育成することができるようになり（図表中「繁栄」）、結果的に、教育も社会からの信頼を得ることができる。要は、教育には社会の変化に取り残される時期（「社会的な痛手」）と、社会の変化に対応して機能を発揮できる時期（「繁栄」）の両方が存在すると

いうのである。

過去を振り返ってみると、イギリスを中心に産業革命が起きた18世紀後半の時期は、近代的な教育制度が確立していなかった。産業革命が進行する中で、農村部から都市部に労働者が流入することになったが、そうした労働者やその子供たちに対する教育の必要性を背景にしながら、近代教育制度が成立していった。すなわち、当初は、社会の変化に教育が後から対応することとなる「社会的な痛手」の時期が続いた。しかし、しばらくして教育が社会の変化に追いつき、工業化社会に必要な人材を送りだすことができるようになると、教育は「繁栄」のための手段として、社会的な信頼を得るようになる。

その後、20世紀後半に入り、デジタル化という新しい技術革新が起きた。そうなると、再び技術革新と教育との乖離が広がり、「社会的な痛手」が顕在化してくる。実際、社会でパソコンやインターネットが急速に普及する一方で、多くの国で、学校への導入については遅れが目立っていた。近年になって、日本でも学校におけるデジタル機器の普及が進み、社会と学校のギャップが徐々に縮小してきたようだ。すなわち、ようやく「社会的な痛手」の時期を抜け出して、教育が「繁栄」に向けて変革していく時期に入りつつあるとも考えられる。

インターネットが急速に普及した21世紀初頭の時期を振り返ると、様々な国際機関や研究団体などから、教育についての新たな提案が出されている（図表2）。とりわけ、影響力の大きかった「21世紀型スキルのためのパートナーシップ（P21）」や「21世紀型スキルの評価と指

図表２　教育について国際機関・研究団体から出された提案

年	提案名
2002年	「21世紀型スキルのためのパートナーシップ」P21
2002年	「21世紀型スキル」enGauge
2003年	「コンピテンシーの定義と選択（DeSeCo）プロジェクト」OECD
2006年	「ヨーロッパ参照枠組み」EC（欧州委員会）
2009年	「21世紀型スキルの評価と指導」ATC21s
2010年	「より深い学びのためのコンピテンシー」ヒューレット財団
2012年	「生活と仕事のための教育：21世紀における転移可能な知識とスキルの育成」米国国立科学アカデミー
2014年	「グローバル・シチズンシップ教育」ユネスコ

筆者作成

導（ＡＴＣ21ｓ）」など、提案の多くが「21世紀型スキル」という言葉を使っていたこともあり、これらを総称して「21世紀型スキル」に関する提案と呼ぶことがある。ちなみに、Ｐ21やＡＴＣ21ｓを主導したのが、シスコ・システムズやマイクロソフト、アップルといったＩＴ系の企業であったことも、まさにこうした企業が、従来の教育のあり方を刷新するよう求めていたことを象徴している。

それぞれの提案内容はもちろん多岐にわたっているが、これらの「21世紀型スキル」に関する提案は、伝統的に重視されてきた認知能力（論理的思考力、創造性など）の重要性が強調されている点では基本的に目新しいものではない。変わったのは、従来は必ずしも注目されていなかった、①デジタル化の進展などを踏まえたＩＣＴ（情報通信技術）に関するスキル、②コミュニケーション能力や協働性、などが求められていることである。

ここからは、２つの新しい潮流を読み取ることができる。

第一に、デジタル化の到来を踏まえた新しいスキルの必要性である。デジタル化に対応していくためには、デジタル機器を適切に使いこなすデジタル・リテラシーはもちろん必要だが、それだけでは足りない。様々なデータをどのように収集し、読み解き、活用していくかといったデータ・リテラシーも必要になる。第二に、多くの国において、「4つのC（4Cs）」と呼ばれる能力群が重視されていることである。いずれも頭文字にCが付く4つの能力の総称だが、批判的思考力（critical thinking）、創造性（creativity）、コミュニケーション能力（communication）、協働性（collaboration）のことを指す。批判的思考力や創造性は、伝統的に重視されてきた認知能力の一環として捉えられるが、特に、コミュニケーション能力や協働性は、近年重視されるようになっており、「非認知能力」と呼ばれることもある。

この第一の潮流と第二の潮流は、前掲の図表1にあるような「社会的な痛手」を一刻も早く解消して「繁栄」につなげていくために、教育がどうあるべきかを模索する点では共通している。第一の潮流について言えば、例えば、教育にプログラミングを取り入れる動きが各国でみられている。日本でも2020年から小学校教育でプログラミングが導入されたが、イギリスは2013年から教科の一つとしてコンピューティングを導入しているし、フィンランドも2016年からプログラミングを必修にしている。すなわち、各国がデジタル化に対応しようと取り組んでいるのだ。

また、第二の潮流についても、近年、多くの国で、上述のコミュニケーション能力や協働性など、他者と関わったり、自分の感情をコントロールしたりすることなどが重視されるようになっている（詳細については第三章で触れる）。例えば、カナダ（オンタリオ州）では、小学校の段階から課題を認識したり、感情をコントロールできるようになることを目指しており、子供たちは自分の感情を表現したり、他者の感情を理解したり、寄り添ったりすることを奨励されている。また、韓国では２０１５年に人格教育振興法が施行され、子供たちが正直さや責任、協調性などを身につけられるように、自治体などが長期的な政策を立てることを定めている。従来の教育で重視されてきた認知的側面だけでなく、コミュニケーションや他者との協働など、社会で求められる幅広い能力の育成を含めて教育により広い役割が求められるようになってきている。

エストニアの挑戦

近年、どの国もデジタル化に力を入れているが、その先駆者と言えるのがエストニアである。ラトビア、リトアニアと並ぶバルト三国の一つであるが、バルト三国を含めて、ヨーロッパの多くの国々は、一般に日本でイメージされるよりもはるかに規模が小さい。

エストニアも人口約１３７万人（２０２３年）という小さな国であり、人口規模で言えば、滋賀県や山口県などと同程度である。歴史的に、スウェーデンやロシアなど近隣の強国の支配を受けてきたが、１９４０年にソ連に併合され、その一部となった。しかし、ソ連の崩壊に伴

図表3　1949年以降のNATO拡大

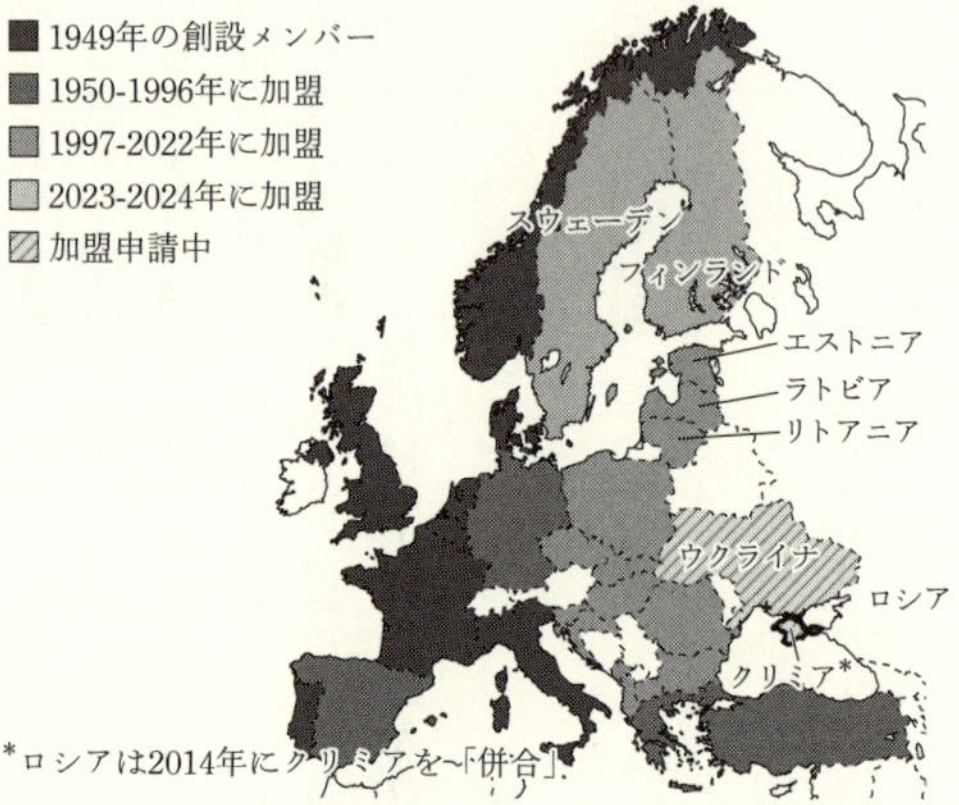

出典：北大西洋条約機構

って1991年に独立を獲得してからは、民主主義を重視する政策を進めている。2004年にはNATO（北大西洋条約機構）とEU（欧州連合）に加盟し、2011年からはユーロ通貨圏に参加するなど、名実ともに西側諸国の一員となっている（図表3参照）。

このエストニアが世界から注目を集めているのが、国策として進めている電子政府（e-government）政策である。エストニアでは、納税や投票、会社の登記など、およそあらゆる手続きをオンラインでできるようにしており、「オンラインでできないのは結婚と離婚だけ」とも言われている。その原動力となったのが、1997年から開始されたタイガーリープ（虎の跳躍）・プログラムと呼ばれる学校を中心としたデジタル化政策だった。すべての学校にパソコンとインターネット環境を整備したり、教師向けのICTトレーニングを実施し

図表4　エストニアのPISA結果の推移

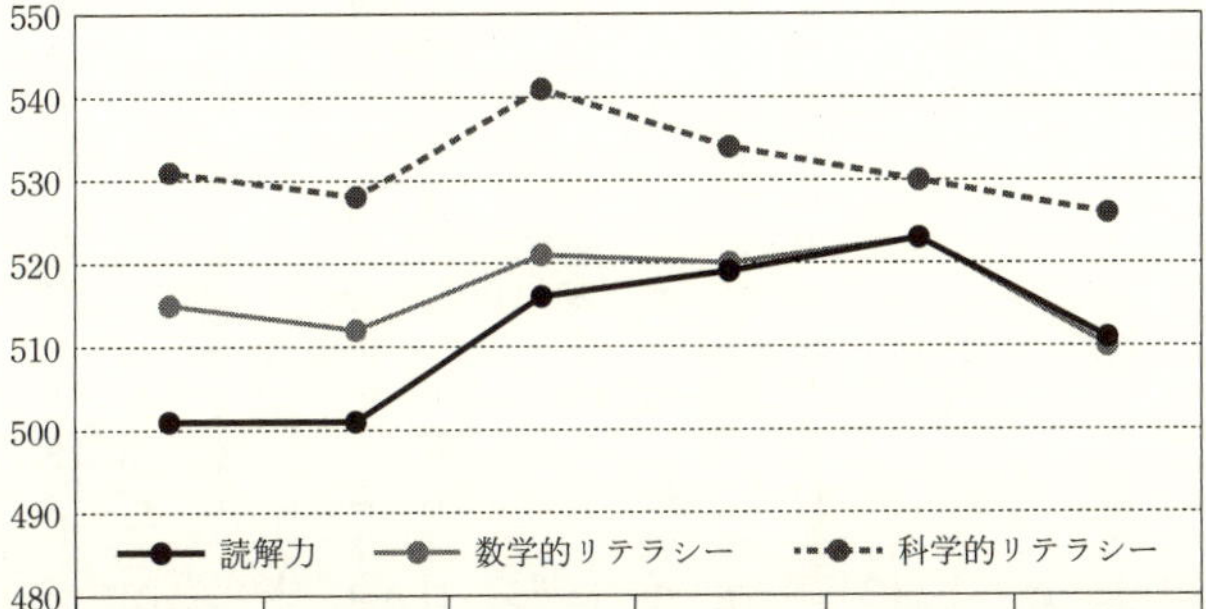

	2006	2009	2012	2015	2018	2022
読解力	501（13位）	501（13位）	516（11位）	519（6位）	523（5位）	511（6位）
数学	515（14位）	512（17位）	521（11位）	520（9位）	523（8位）	510（7位）
科学	531（5位）	528（9位）	541（6位）	534（3位）	530（4位）	526（6位）
参加国地域数	57	65	65	72	79	81

出典：OECD, PISA Database

たりする施策を推進しており、デジタル化の草創期である２００１年までにすべての目標を達成している。また、２００２年から、〝eKool〟（英語にすればeSchool）というクラウド上での学校管理システムを導入している。最近でこそ日本でも一般的になってきているが、家庭と教師がメッセージをやりとりする機能が備わっていたり、出席、授業内容、宿題、成績などに関する情報を教師と生徒、保護者が共有できるようになっており、２０２１年の時点で、エストニアの教育機関の７割で活用されている。また、あらゆる教科書や教材などをデジタル化する目標をかかげて、２０１５年までに実現していたという。

　もっとも、ただデジタル化を進めているだけであれば、少なくとも教育面でそこま

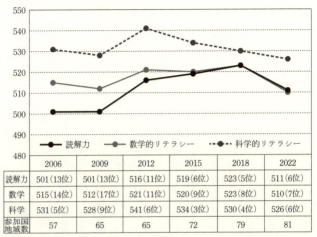

でエストニアに注目する理由はない。しかし、エストニアは、OECDが各国の義務教育終了段階の生徒（日本では高校1年生）を対象に行っているPISA（生徒の学習到達度調査）の結果でも注目されているのだ（図表4）。同国は2006年からPISAに参加しているが、当初から好成績を続けており、とりわけ、2018年に行われたPISA（PISA2018と呼ぶ。以下同）では、PISAの対象となる読解力、数学的リテラシー、科学的リテラシーの3分野すべてにおいて、ヨーロッパで最も優れたスコアを出している。次節で取り上げるが、近年の教育界において最も注目される国の一つであるシンガポールになぞらえて、最近では、エストニアは「ヨーロッパのシンガポール」などと呼ばれている。

さて、先の図表1のモデルに照らすと、エストニアのこうした状況はどのような意味を持つだろうか。これまでは、技術革新による社会変化が先行して「社会的な痛手」が生じ、教育は後から追いついて「繁栄」に至るとされていた。日本を含めた各国の動きを見ても、ビジネスや生活のデジタル化が先行し、後から学校がデジタル化されている。

しかし、エストニアの場合には、教育のデジタル化と社会全体のデジタル化を同時並行で進めてきている。これは、図表1で見たようなテクノロジーと教育の間にギャップが生じないようにしているということだ。結果的に、学校でも、家庭でも、社会でも、同じようにデジタルを活用することができるようになっている。必然的に「社会的な痛手」が最小限となり、教育は「繁栄」し、高い社会的信頼を維持できるようになる。これまでのエストニアの政策は、図

表1が示す古典的モデル自体を変革するような取り組みとも言える。

2　「学力世界一」の交替

フィンランドの今

エストニアのように、デジタル化を徹底しながら、同時にPISAでも好成績をあげている事例を見てくると、これをモデルにしなければならないように感じるかもしれない。しかしながら、いくらエストニアがPISAで好成績を出していると言っても、それはヨーロッパの中での話であり、現状では日本の方が高いスコアを出している（後掲図表6）。そう考えると、より注目に値するのは、やはりPISAで高いスコアを出している国だろう。そして、PISAで有名なのは、何と言っても「学力世界一」と言われてきたフィンランドだ。

フィンランドは、ノルウェー、スウェーデンと並んでスカンジナビア半島に位置する国である。人口は約556万人（2023年）と、日本と比べるとかなり小規模である。歴史的には、スウェーデンやロシアによる支配を受けてきた経緯があり、とりわけ、ロシアとは1340キロメートルにも及ぶ長い国境線を挟んで接していることもあり、これまでは政治的に中立的な立場をとってきた。しかし、2022年にロシアがウクライナに侵攻して以降、その方針を転じて、2023年にはNATOに加盟するなど、西側諸国への接近を明らかにしている（前掲

図表5：フィンランドのPISAスコアの推移

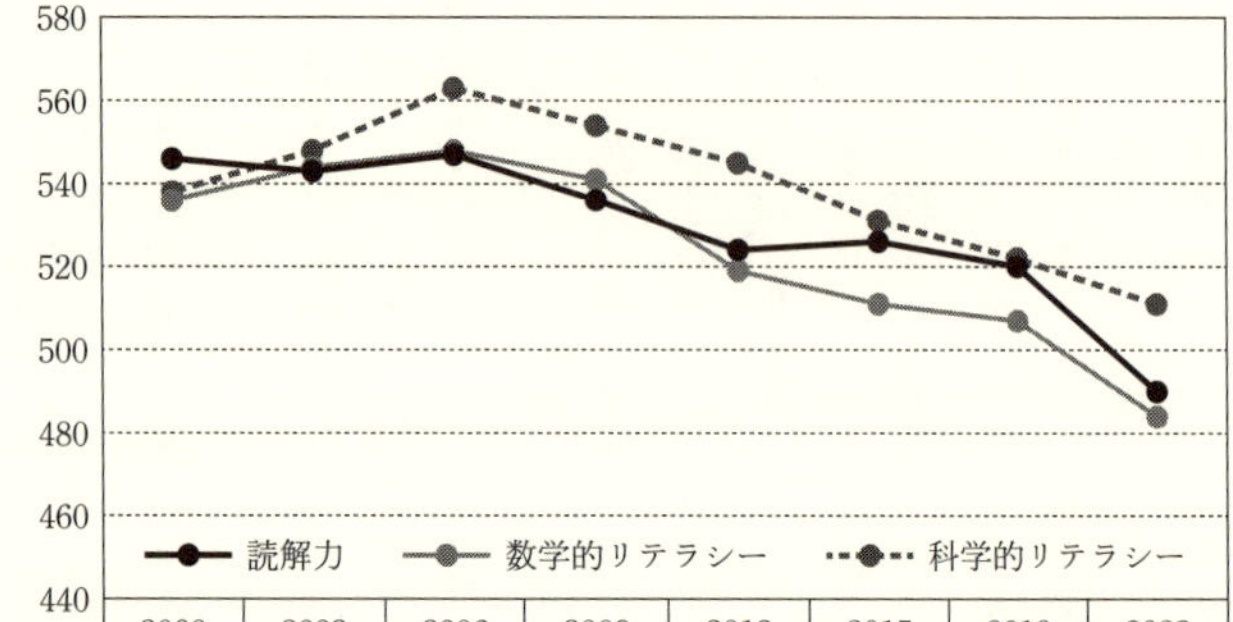

	2000	2003	2006	2009	2012	2015	2018	2022
読解力	546（1位）	543（1位）	547（2位）	536（3位）	524（6位）	526（4位）	520（7位）	490（14位）
数学	536（4位）	544（2位）	548（2位）	541（6位）	519（12位）	511（13位）	507（16位）	484（20位）
科学	538（3位）	548（1位）	563（1位）	554（2位）	545（5位）	531（5位）	522（6位）	511（9位）
参加国地域数	32	41	56	65	65	72	79	81

出典：OECD, PISA Database

図表3参照）。

フィンランドの教育が注目されるようになったのは、比較的最近のことである。PISA初期の２０００年に行われたPISA２０００から、PISA２００３、PISA２００６と、連続して世界でも最高水準のスコアを誇った。折しも、その時期の日本では「ゆとり教育」批判や「学力低下論争」が盛んになっていた。とりわけ、PISA２００３、PISA２００６の結果が芳しくなかったことから、「PISAショック」とも呼ばれる状況が生じていた。そのため、世界各国がフィンランドに注目する中でも、日本のフィンランドに対する関心は格別なものだったようで、あまりにも多くの教育関係者がフィンランドの学校を訪問したことから、「フィンランド詣で」

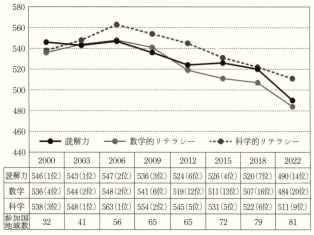

図表6：日本のPISAスコアの推移

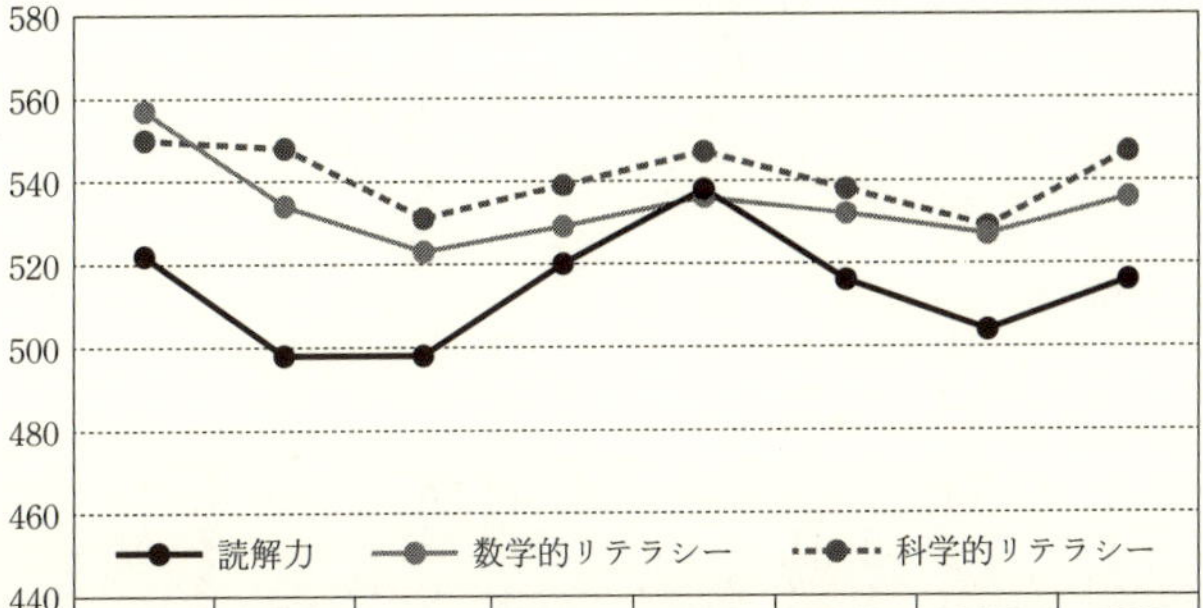

	2000	2003	2006	2009	2012	2015	2018	2022
読解力	522(8位)	498(14位)	498(15位)	520(8位)	538(4位)	516(8位)	504(15位)	516(3位)
数学	557(1位)	534(6位)	523(10位)	529(9位)	536(7位)	532(5位)	527(6位)	536(5位)
科学	550(2位)	548(2位)	531(6位)	539(5位)	547(4位)	538(2位)	529(5位)	547(2位)
参加国地域数	32	41	56	65	65	72	79	81

出典：OECD, PISA Database

なる言葉まで登場したほどである。フィンランド側も、ＰＩＳＡによって教育に注目されたことを好機と捉えて、フィンランド式の教育モデルを国外に輸出する取り組みも行うようになった。例えば、教師向けの職能開発プログラムや学校向けのＩＣＴソリューション事業を提供する会社や大学などによるビジネスを、国として後押ししている。そして、その際に謳《うた》い文句となっているのが、国際的な学力調査における好成績なのである。

しかし、フィンランドの教育が世界的に注目を集める一方で、図表5に示すとおり、実は、フィンランドのＰＩＳＡスコアが国際的にトップクラスにあったと言えるのは、ＰＩＳＡが開始されて間もないＰＩＳＡ２００３やＰＩＳＡ２００６の時期にとどま

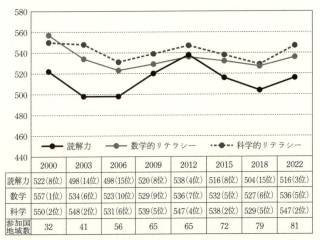

っている。確かに、この時期のフィンランドは「学力世界一」の名に値する結果を残しているのだが、その後は徐々に下降しており、とりわけ、最新のPISA2022では、参加81か国・地域中で、読解力が14位、数学的リテラシーが20位、科学的リテラシーが9位である。近年、PISAには途上国も多く参加するようになっており、参加国数が増えているため、順位だけ見ると上位のように見えるかもしれない。しかし、先進国を中心としたOECD加盟国の中で見れば、フィンランドは平均よりやや高い程度の、ごく平凡な参加国の一つに過ぎなくなっており、直近のPISA2022では日本の方がはるかに良いスコアを出している（図表6）。

どうやらフィンランド自身も、PISA2003やPISA2006におけるPISAの好成績に戸惑いを見せていたようだ。同国政府や教育産業がフィンランド式の教育モデルを世界中に売り込む一方で、フィンランドの教育関係者の何人もが、世界中の教育関係者から好成績の理由について尋ねられて、返答に困っていると語っていた。私自身も、そうした質問を何人かのフィンランドの教育関係者にぶつけてみたことがあるが、彼らからは口々に、「正直に言って、そこまで世界から注目されるほどのことはやっていない」「なぜ好成績につながっているのか、明確な理由はわからない」「むしろ、日本などアジアのPISA上位国から学ぶ必要があると思っている」といった戸惑いの声を聞いてきたのである。もちろん、日本とも通じる謙虚さを持つ北欧の国らしい側面もあるだろうし、あるいは、筆者がPISA上位国である日本人であることから、社交辞令として言った部分もあるかもしれない。しかし、今から考えれば、彼らのこうしたコメントは、本音を吐露したものだったとも思う。つまり、彼ら自身にも、好成績の理由がよくわかっていなかったということなのだ。もし、PISA好成績の理由について的確に分析できていれば、直近のような低迷した状況にはならなかったはずだ。

PISAスコアの低迷については、フィンランド国内でも、かなりの議論を惹起《じゃっき》しており、中には「外国からの視察団ばかり受け入れていたから、本業である授業がおろそかになってしまったのではないか」といった意見も出ている。PISA2022の結果公表後まもなく、フィンランド教育省の大臣が出したコメントでは、「フィンランドのPISAの結果は低下傾向が続いています。重要なのは、スキルの深刻な低下です。だからこそ、結果については重く受け止めなければなりません」としており、大臣自ら反省の弁を語っている。また、フィンランドには教育省以外に国家教育庁という執行機関があるが、その事務総長は、学習成績が悪化した理由について、例えば、家庭の社会経済的不平等の拡大、教育に対して配分される資源のレベル、子供及び若者のリテラシーの二極化、モティベーションの欠如、教育に対する信頼の欠如、ソーシャル・メディアの影響、メンタルヘルスの問題など、様々な社会的変化を挙げている。そのうえで、例えば、国が定める教育課程の見直しや、自治体や学校に対してどのように支援できるかを考えるなど、学校制度全体の効果について批判的に見直すことが必要と述べている。

フィンランド政府として、PISAの低迷に反省を示しながらも、その要因については、やはり現時点では十分明らかにできてはいないようだ。もちろん、様々な要因が複合的に、あるいはボディーブローのように一定時間が経過してから作用したのかもしれない。ただ、いくつか気になることがあるので指摘しておこう。

はじめに、フィンランドの子供たちについて、OECD加盟国の中で最も数学に関する不安が少ないというデータが出ていることだ。PISAでは毎回3つの分野の中で中心分野を決めているのだが、PISA2022は数学的リテラシーが対象だった。そのため、調査項目に「数学に対する不安」があり、具体的には、「数学の問題を解こうとすると不安になるか」、「数学で失敗することが心配であるか」といった質問をしているのだが、フィンランドの子供たちは、OECD加盟国の中で最もこうした不安が少ないという結果が出ている(図表7)。OECDは、学習に対する不安と数学のスコアには負の相関関係が見られるとしており、フィンランドで学習に対する不安が少ないことを肯定的に受け止めている。

確かに、メキシコやブラジル、アルゼンチンなど中南米の国を中心に、「不安が強く、スコアも低い」という国もあり、これらの国と比べれば、フィンランドは相対的に「不安が少なく、スコアも高い」と言える。しかし、その理屈が正しいのであれば、フィンランドよりも好成績の日本や台湾、シンガポール、香港、マカオなどでは、学習に対する不安がより少なくなるはずだが、実際にはそうなってはいない。

もちろん、不安が少ないことは、必ずしも悪いことではないだろう。しかし、東アジアの

図表７：PISA2022 での数学的リテラシーのスコアと数学に対する不安の関係性

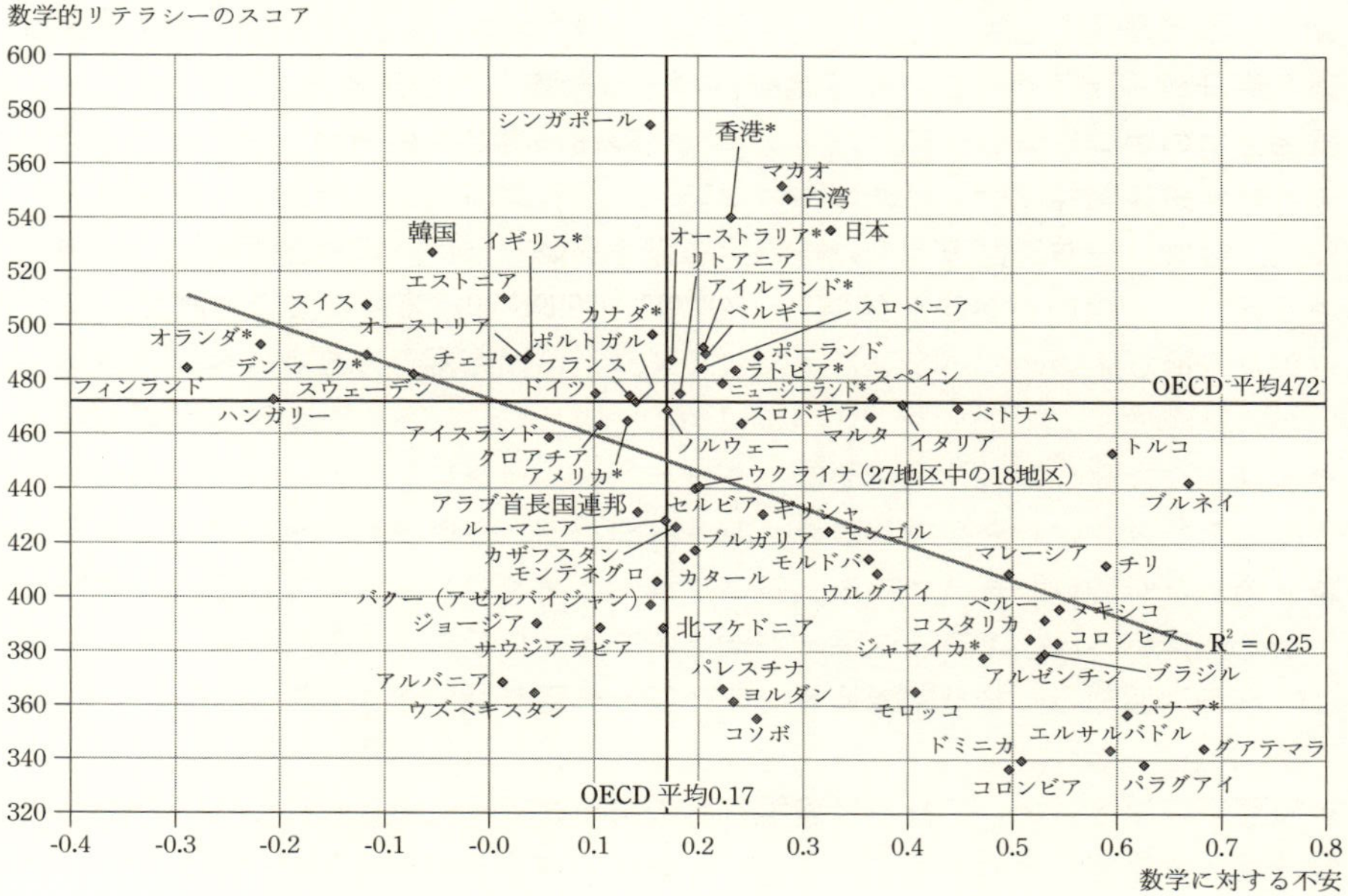

注：利用可能なデータがある国・地域のみ表示
出典：OECD, PISA OECD（2023）, *PISA 2022 Results*（*Volume I*）: *The State of Learning and Equity in Education*, PISA, OECD Publishing, Paris.（https://doi.g/10.1787/53f23881-en）

国・地域のように「反例」とも言える事例が見られる中で、フィンランドの子供たちの間で数学に対する不安が少ないということを、手放しで肯定的に評価してよいことなのかは疑問がある。

数学に限ったことではないが、どの学問も簡単ではない。学ぶ過程で多くの疑問が出てきたり、より深く学べば学ぶほど、わからないことや自らの限界も明らかになってくるはずである。数学に対して不安が少ないというフィンランドの子供たちは、果たして本当に数学の学習に真剣に取り組めているのだろうか。もちろん、不安が強すぎても良くないかもしれないが、その意味では、不安が中程度となっている日本やシンガポール、台湾などが、最も優れたスコアを出していることは示唆的である。

さらに、PISA2022の結果に関連して、フィンランドについて、もう一つ気になることがある。それは、教室での規律状況（disciplinary climate）に課題があることだ。ここでいう規律状況とは、例えば、教室内が騒々しくて教師の話が聞こえない、勉強に集中できない、といった状況のことである。当然ながら、これについてはOECDもそうした状況は望ましくないとしている。しかしながら、PISAの結果では、フィンランドはこの点でOECD加盟国平均よりも劣っていて、「すべて又は多くの授業で十分に学習できなかった」とする生徒の割合は28％と、日本の12％と比べて高い（OECD平均は23％）。また、「教師の話を聞いていなかった」とする生徒の割合も35％と、日本の6％よりかなり高い（OECD平均は30％）。フィンランドと比べると、日本の規律状況の良さが際立って見えてくる。

ちなみに、フィンランドが国際的に注目されてきたのは、教育の分野だけではない。「持続可能な開発ソリューション・ネットワーク（SDSN）」という国際的なネットワークが公表している「世界幸福度調査（World Happiness Report）」という有名な報告書があるのだが、フィンランドは6年連続で世界1位となっており、「幸福度世界一」の国としても知られている。

幸福度が高いことで知られるフィンランドがPISAで好成績を出したことは、日本や中国、韓国、台湾、後述するシンガポールなどに象徴される、入学試験を一つの頂点としたアジア型の教育に対する強烈なアンチテーゼとして受け止められた。確かに、辛《つら》い勉強を乗り越えて、頑張って入試を突破するために勉強するよりも、不安や心配を抱えることもなく、緩《ゆる》い規律状況で学習した方が成績も良いということであれば、後者の方が魅力的に映るのは当然だ。だからこそ、かつてはフィンランドの教育が注目を集めたわけだが、今や状況は変わってきている。日本が今後どの方向に向かうべきか、次に述べるシンガポールの事例と合わせて、一つの大きな示唆になりそうである。

躍進するシンガポール

さて、東アジア型の教育の代名詞とも言えるのが、シンガポールである。シンガポールは、1965年にマレーシアから分離独立した、都市国家型の小規模な国である。人口は約604

万人（2024年）と、フィンランドよりやや多いが、国土面積は圧倒的に小さい。埋め立てによって年々微増してはいるものの、東京23区を若干上回る程度だ。しばしば、「日本は天然資源が乏しいから、人材育成が必要だ」と言われることがある。確かに、日本は石油や天然ガスに恵まれているわけではなく、効率的な農業生産に適した広大な平野があるわけでもない。しかし、水や森林、海洋資源は豊富にあるし、米や野菜、卵などは、ある程度自給できている。日本と比べると、シンガポールこそ、本当に天然資源が乏しい国である。何せ、飲料水ですら、隣国マレーシアからの輸入に頼らざるを得ないのだ。だからこそ、国として本当に教育に力を入れざるを得ないと言える。

実際、1965年に独立したと言っても、それは必ずしもシンガポール側が望んだものではなく、実態はマレーシアからの「追放」であり、独立当初は混乱状態にあった。そんな同国の発展を強力に主導したのが、初代首相のリー・クアンユーである。同氏が繰り返し語っていたのが「シンガポールの唯一の資源である人材の育成」であり、現在のシンガポールの教育制度は、独立前のイギリス植民地時代の影響を受けた部分も多く残るものの、その基礎はリー首相の時代に築かれている。その基本的な考え方が、リー首相からの要請に応じて、1979年にゴー・ケンスィー副首相の下で策定された「1978年教育省報告」（通称、ゴー・レポート）に示されている。その主眼は、限られた資源の中で効率的な教育制度を実現するために、子供たちの能力を早期に見極めて、能力に応じた適切な教育を行っていくという点にあった。実際、

1980年からは、小学校卒業試験（PSLE：Primary School Leaving Examination）のスコアに基づいて、能力に応じて中学校でのコース分け（streaming）を行う厳格な仕組みが導入された。その後、1990年から首相となったゴー・チョクトン首相も、リーの理念を受け継ぎ、1997年に「考える学校、学び続ける国家（TSLN：Thinking Schools, Learning Nation）」という理念を提唱したことで知られている。まさしく、人材育成こそが国の存立の基盤であるという思想であり、同首相は、以下のように述べている。

21世紀の国家の繁栄は、国民の学ぶ力にかかっている。想像力や新しい技術やアイディアを探し求める力、そして、それらを様々なものごとに適用していく力こそが経済的繁栄の源泉となる。国民の集合体としての学ぶ力が、国家のウェルビーイングを決定するのである。

こうした人材重視の理念は、一方では、厳しい競争を前提とするものでもあった。そうしたシンガポールの教育を象徴する仕組みの一つが、上述の小学校卒業試験（PSLE）である。日本でも中学受験は行われているが、あくまでも希望者だけが受験するのに対して、PSLEは、シンガポールの小学校6年生全員が受験しなければならないものである。何よりも、その成績によって、中学校以後の進路が実質的に決まることから、アジア型の受験社会の象徴のような存在となっている。とりわけ大きいのが、コース分けの仕組みである。

シンガポールの中学校には、エクスプレス、ノーマル（アカデミック）、ノーマル（テクニカル）という3つのコースがあるのだが、特にエクスプレスに進むためには一定のスコアが必要である。そのため、親も子供も必死である。塾や家庭教師などのサービスを使うことも多いし、子供だけでなく、親を対象にした対策講座も開かれている。もちろん、全員が希望のコースに進むことができるわけではないため、希望が叶《かな》わなかった子供たちが精神的にダメージを受ける場合も生じるし、偏見やレッテル張りにつながるとの指摘も根強かった。実際、シンガポールのテレビ局CANが小学校5、6年生の親1000人を対象に行った調査によると、PSLEが重要だという人が99％に上る一方で、子供がストレスを感じているという人が85％、親自身がストレスを感じているという人が64％に上っている。

そのため、PSLEについては、同国内でも繰り返し議論が行われてきたが、2024年からは、従来のコース分けに代わり、教科別バンド方式（SBB：Subject-Based Banding）に全面的に移行することが決まっている。従来は別のコースに振り分けられた生徒であっても、今後は同じクラスに在籍しながら、数学や英語などの教科については、学力に応じてレベル別（G1～G3）の授業を受けることになっている。

もっとも、新制度においても、どのレベルの授業を受けるかは、基本的にPSLEのスコアによって決まることには変わりがなく、PSLEが重視されること自体は今後も続きそうであ

図表8：シンガポールのPISAスコアの推移

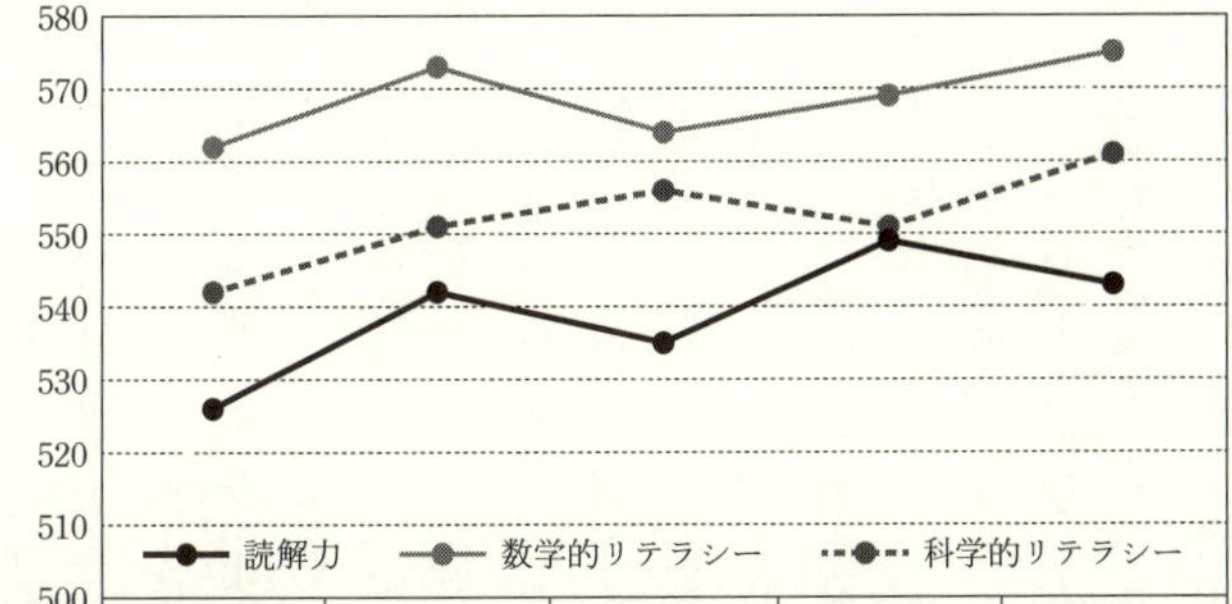

	2009	2012	2015	2018	2022
読解力	526(5位)	542(3位)	535(1位)	549(2位)	543(1位)
数学	562(2位)	573(2位)	564(1位)	569(2位)	575(1位)
科学	542(4位)	551(3位)	556(1位)	551(2位)	561(1位)
参加国地域数	65	65	72	79	81

出典：OECD, PISA Database

る。また、PSLEで良いスコアをとったとしても、シンガポールの教育は試験の連続でもある。特に、シンガポール国立大学などの難関大学に進学するためには、イギリスの影響を受けた大学入試の仕組みであるGCE（General Certificate of Education）のO（ordinary）レベルやA（advanced）レベルの試験に合格しなければならない。

しかし、そうした厳しい側面も含めて、シンガポールの教育は注目を集めており、日本からも、子供のために「教育移住」するケースもあるようだ。英語が主要な公用語とされており、日常生活を通じて語学力を身につけられることもあるが、シンガポールが国際的な学力調査で優れた成績を示していることも大きいだろう。PISAには2009年から参加し、図表8に示すよ

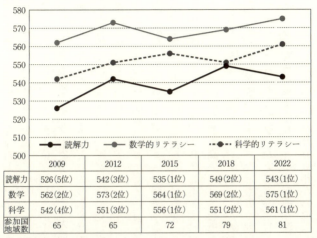

うに、一貫して高い水準を維持しているだけでなく、さらに上昇傾向を示している。

ちなみに、OECDが公表しているデータによると、例えば、PISA2018では、3分野すべてにおいて、中国が1位、シンガポールは2位となっている。しかしながら、他の国と違って中国は上海《シャンハイ》市や北京《ペキン》市など一部の大都市圏の生徒のみが参加しており、地方の生徒は参加していないので、国全体としての水準は不明だ。それに対して、シンガポールも都市国家という特殊性はあるものの、国家単位で見た場合には、少なくともPISA2015以降で最も優れたスコアを出している。

なお、こうした好成績は、PISAに限られたものではない。IEA（国際教育到達度評価学会）が行っているTIMSS（国際数学・理科教育動向調査）と呼ばれる調査がある。こちらは小学4年生と中学校2年生を対象に算数（数学）と理科の2教科を調査するものだが、2015年以降、2019年、2023年とすべての調査において、両学年・両教科を通じて、シンガポールが参加国中で最も高いスコアを出している。

PSLEをはじめとして、シンガポールの教育は、厳しい競争社会というイメージが強い。実際、塾や家庭教師のサービスなども広く利用されているし、親の教育参加も盛んだ。日本以上に厳しいと言っても間違いないだろう。しかし、少なくとも学校教育においては、いわゆる詰め込み教育一辺倒ではないところが興味深い。

まず注目したいのが、2000年から導入しているプロジェクト・ワーク（Project Work）である。これは日本が同時期に導入した「総合的な学習の時間」(第四章第一節参照)に近いものだが、生徒は概《おおむ》ね4~5名のグループに分かれて、教科の枠組みにとらわれずにテーマを決めて探究を行う。最終的に、学期末にプレゼンテーションを行うというプロジェクト型の学習である。シンガポール教育省は、「プロジェクト・ワークは、様々な領域の学習で学んだ知識を統合したり、実生活上の状況に客観的・創造的に適用する機会のある学習を、生徒に経験させたりするものである。グループで学びながら、生徒たちは将来の学習や課題に備えて知識を増やし、重要なスキルを身につける」ことがねらいだとする。

さらに、2005年には、TLLM(Teach Less, Learn More:より少なく教え、より多く学ぶ)イニシアティブを開始している。TLLMが意味する通り、学習内容を削減することによって子供たちや教師に「ゆとり」をつくり、学習の質的な深さを目指すものである。古典的な丸暗記や知識再生型のテストのための学習などを減らし、その分、アクティブ・ラーニング型の授業を進めることで探究を行うものとされている。

PSLEやGCEのような厳しい競争試験の仕組みがあることで、シンガポールの子供たちは否応なしに、小学校の段階から国語や数学などの教科を徹底的に学んでいる。その一方で、学校教育においては、プロジェクト・ワークにおける協働的な学習の重視や、TLLMイニシアティブに基づいて、探究のために授業時数を削減して「ゆとり」を確保するなど、シンガポールの教育は、巧みに緩急を使い分けているように見える。こうした点は、日本の今後の教育を考えるうえでも参考になりそうだ。

3　教師を取り巻く環境の変化

世界的な教師不足

近年、日本ではどの業界においても人材の獲得競争が激化している。民間企業が優秀な若者の獲得に血眼《ちまなこ》になり、初任給も大きく引き上げられている中で、不況期には一定の人気があった公務員は全般的に人集めに苦戦しているようだ。霞《かすみ》が関《せき》の官僚や自治体職員、警察官、自衛官なども倍率を下げているようだが、公立学校の教師も例外ではない。

振り返れば、2010年代の後半からその予兆があった。かつては教職希望者も多く、現職の教師が産休・育休や病気休暇を取得する場合にも、代替の講師を確保することは容易だったのだが、それが次第に難しくなってきていた。抜けた教師に代わって教頭が担任を務めることも常態化しているし、中には、代わりの講師がどうしても見つからずに、退職してから何年もたった70代の元教師が現場に復帰した事例もあるという。

教師をはじめとした働き手不足の問題は、もちろん、急速な少子高齢化の進行など、日本の社会構造に由来する側面も大きい。しかし、実は教師不足の問題について見れば、日本だけに限って起きていることではない。というよりも、この問題は世界的な共通課題となっているのだ。

国連がＳＤＧｓ（第一章参照）で目指している「質の高い教育をみんなに（目標４）」を達成するためには、世界全体で約４４００万人の教師不足が推計されており、とりわけ、サハラ以南のアフリカや南アジアなどで深刻である。また、先進国でも教師不足が生じており、アメリカやドイツ、エストニア、スロベニア、デンマークなどが、すべての教科について教師不足が生じていると報告している。また、ＯＥＣＤ加盟国において、教師不足によって子供たちの学習に支障が生じていると報告した中学校長の割合は、２０１５年には29％だったが、２０２２年には47％に上昇している。

この分野で著名なスタンフォード大学名誉教授のリンダ・ダーリング＝ハモンドらは、アメリカにおける教師不足の問題を分析し、①給料などの処遇、②教職に就くまでの準備及びコスト、③採用プロセス、④初任者への研修・支援、⑤職務環境、といった要因を挙げている。ただ、これらはある程度想定される内容だろうし、実際、各国も、教師の給料引き上げや労働時間の削減など、既に様々な対策を講じている。

本書で焦点を当てたいのは、世界的に見れば、教師不足の問題は必ずしも国内だけの問題ではなく、むしろ国際的な人材獲得競争の問題となりつつある、という点である。

野球やサッカーなどで力のある日本人アスリートが、アメリカやヨーロッパのチームに移籍する事例はイメージしやすい。ＡＩや量子、半導体などの分野で高度なスキルを持つ日本人の研究者や技術者についても、国際的な争奪戦が生じている。また、日本食の人気に伴って、和食の料理人や寿司職人が海外に引き抜かれたり、近年の円安によって、日本で働くことよりも、オーストラリアなどでのワーキングホリデーを選択したりする若者も増えている。より労働条件の良い海外の人材マーケットに、日本から人材が流出しているのである。

日本では、教師不足の問題は、民間企業や公務員との競合という国内問題としてイメージされがちだが、世界全体を見回すと、教師の世界でもこうした国際的な人材獲得競争が起きている。

例えば、カリブ海の島国であるジャマイカやトリニダード・トバゴは、いずれもイギリスの旧植民地から構成されるイギリス連邦（コモンウェルス）に加盟しており、公用語も英語の国である。そのため、両国からはアメリカやイギリスへの教師の流出が顕著で、学校の中核となるような優秀な人材から引き抜かれてしまうという。また、ヨルダンも、クウェートやサウジアラビアなど、近隣のより豊かな産油国への教師の流出に悩んでいるという。これらの国は、いずれもアラビア語圏で、移民しやすい環境にあるのだろう。また、先進国の中でも、カナダやドイツなどは比較的移民の受け入れに積極的だが、国内の教師不足に対応するために、積極的に教師の経験を持つ移民を受け入れている。すなわち、より豊かな国が多くの教師を獲得し、より貧しい国からは教師が流出しているということであり、教師についての「南北問題」と呼ばれることもある。

もちろん、教師の流出は、必ずしも低所得国から高所得国に向かう構図だけではない。例えば、イギリスは世界的に見れば高所得国だが、より良い収入を求めて国外に流出する教師が多く、慢性的な教師不足に悩んでいるという。近年、日本の学校でも、特に英語ネイティブの教師を採用するケースが増えてきているが、その中にはイギリスやアメリカ、カナダなど先進国の人材も相当数含まれている。こうした場合には、先進国間での教師人材の流出が起きているということになる。

こうした教師人材の国外流出は、日本では、これまでのところ大きな問題にはなっていない。教師という職業の場合には、スポーツ選手や研究者、技術者、料理人などとは違い、話したり、子供たちとコミュニケーションをとったりすることが決定的に重要である。また、国語や歴史、地理をはじめとして、国によって授業で扱う内容（コンテンツ）が大きく異なることももちろん大きいだろう。優れた教師であっても、いきなりアメリカやイギリスの学校に行って教えることができる日本人は、決して多くはないはずだ。

さらに、日本がＰＩＳＡの成績上位国で、優れた教育を行っているとしても、その教育の実態が国際的に十分理解されているとは言えないこともある。実際、筆者がＯＥＣＤで勤務した際にも、ヨーロッパ諸国から来ている同僚たちが、日本の教育について、暗記偏重のイメージを強く持っていたことに驚いた。どうやら、小学校で行われている九九の学習などの印象が強いようだが、そもそも、日本の教育事情について海外に発信されることは非常に少ない。その

図表９：CEFR A1（英検３級）レベル相当以上の中学生の英語力の推移

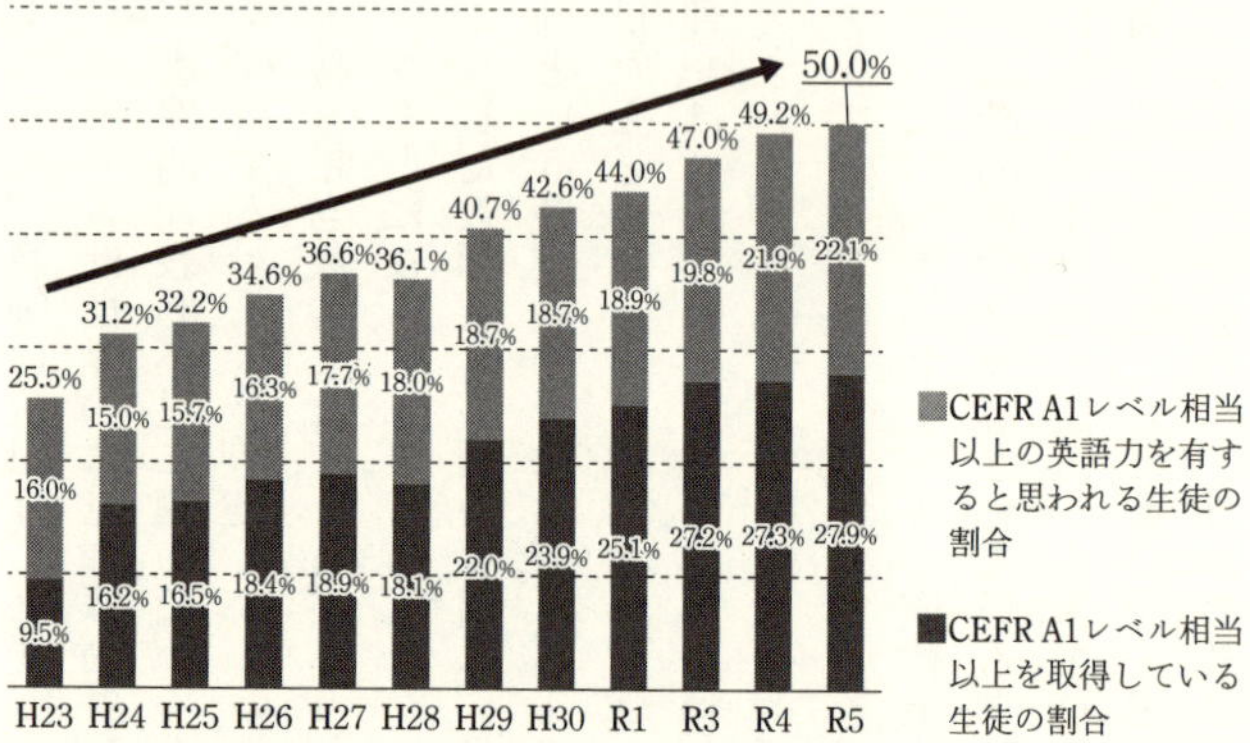

出典：文部科学省令和５年度「英語教育実施状況調査」を基に作成

ため、外国人が日本の教育を理解する機会も限られるし、まして、個々の教師に着目したスカウトなど稀《まれ》だろう。

言わば、日本の文化や言語が、ある種の「防波堤」として機能したことによって、日本は優秀な教師の流出に悩まずに済んできたとも言える。

だが、問題は、そうした状況がこの先も続くかどうかはわからないことだ。例えば、日本人の海外永住者は増加を続けており、２０２３年度は約57・５万人と、30年前となる１９９３年度の約25・５万人と比べて倍以上に増えている（外務省「海外在留邦人数調査統計」）。かつてと比べると、海外への移住はより身近なものとなってきている。また、外国で暮らす際にまず心配になるのは言語の問題だが、英語力について見れば、日本人の英語力は確実に向上しているし（図表９）、ＡＩを用いた自動翻訳技術なども日進月歩で進化しており、言語のハードルも

図表 10：OECD諸国における外国人（外国生まれ人口）の割合（2021 年）

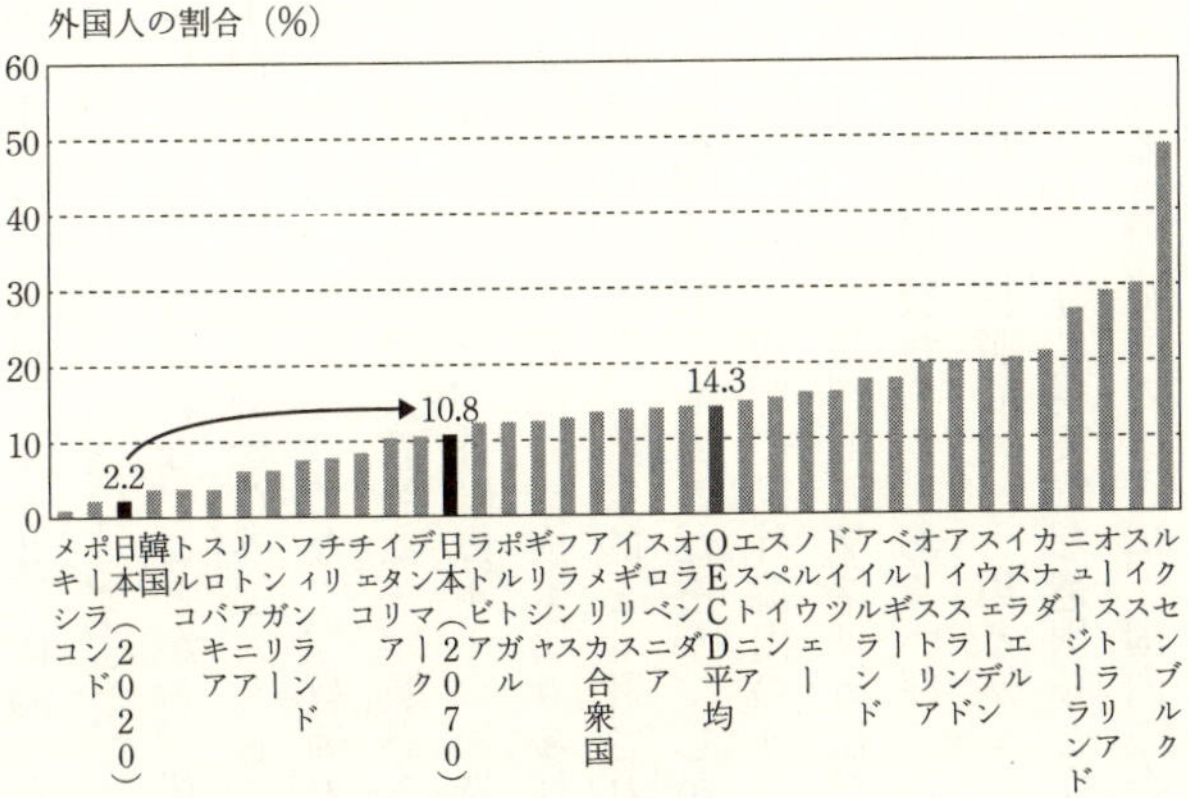

出典：OECD International Migration Outlook
※日本以外の国は 2021 年、あるいは 2021 前後の年次。日本は 2020 年（令和 2 年国勢調査）および 2070 年（出生中位〔死亡中位〕推計）。

確実に下がりつつある。

さらに、日本の学校に目を向けても、急速に国際化が進んでいる。文部科学省の調査によると、外国籍や外国にルーツを持つ子供たちを中心に、公立学校において日本語指導が必要な子供たちの数は6万9123人に上っている（2023年度）。実際、地域によっては、公立の小中学校であってもクラスの半数以上が外国籍や外国にルーツを持つ子供たちというケースもあり、インターナショナルスクールと変わらないほど国際化している。そうした学校に勤める教師にとっては、外国の学校で教えることは、思っていた以上に身近なことになっているのである。

こうした日本の学校の国際化の動きは、今後も続いていくことが予測されている。国立社会保障・人口問題研究所の推計によると、令和2年には総人口の2・2％に過ぎなかった外国人人口は、2070年には、総人口の10・8％（約940万人）に達するとされている（図表10）。ここには、結婚や帰化などで日本国籍を取得した者は含まれないことから、新たに日本国籍を取得した者まで含めると、今後は人口の1割を優に超える割合が外国人もしくは外国にルーツを持つ者ということになるだろう。

そうなると、生徒だけでなく、教師の構成も変わってくる。もちろん、現在でも英語の授業などを担当する外国人教師は一定数いるが、理科や数学などの教科を教えたり、学級担任を受け持ったりするなど、外国にルーツを持つ教師や外国人教師がこれまで以上に様々な役割を果たすようになり、教師の構成もより多様化していくことが想定される。

これまでは、過度に同質的とも評されてきた日本の教育環境が多様化していくことは、これからの時代の流れでもあるだろう。しかし、そのことは同時に、日本がこれまでほとんど想定してこなかった、教師の国外流出のリスクが高まるということでもある。例えば、日本人との結婚で日本国籍を取得したアメリカ出身の教師にとっては、英語圏の学校に移ることは、十分に現実的な選択肢だろう。あるいは、日本育ちでも英語が得意な若い教師などであれば、外国の新たな環境で挑戦したいと思うかもしれない。より良い条件が提示されれば、別の国の学校に移ることも十分に現実的な選択肢となってくる。

そうなると、従来のように、国内の企業や他の公務員との人材獲得競争だけを考えているのでは足りなくなる。国際的に見ても、教師にとって十分に魅力的な環境を整えているかどうか、ということが問われるようになる時代が到来するかもしれないのだ。

「教師」から「教育者」へ

「教師」という言葉は、英語では「teacher（ティーチャー）」と訳されている。「ティーチ(teach)」とは「教える」ことなので、「教える人」という意味を持つのは自然である。これは日本だけでなく、世界でも常識と言ってよいだろう。

しかし、教師が担うべき役割については、近年様々な議論が出ている。よく言われるのが、教師は単に「教える」だけでなく、子供たちの学習を「手助けする（facilitate）」べきだ、というものである。例えば、授業中に生徒同士の議論が円滑に進むように配慮したり、生徒の学習意欲に火をつけたりするなど、単に「教える」ことを超えた様々な役割を重視する考え方である。

もちろん、一方通行のように「教える」ことだけをしている教師は、実際にはほとんどいないだろう。どの教師も、子供たちを「手助けする（facilitate）」ことはもちろん、学習に対して「動機付ける（motivate）」ことも考えながら授業に臨んでいるはずだ。また、とりわけ日本の教師の役割は、授業だけにとどまらない。人間関係がうまくいかないなどで悩みを抱える子供に対して「カウンセリング（counsel）」を行ったり、部活動の指導をしたり（「コーチ（coach）」）、ときには教材や給食の代金徴収など事務的な業務（「クレリカル・ワーク（clerical work）」）も行ったりしている。もちろん、国によって教師の仕事の範囲は異なるのだが、日本の教師については、昔から「ティーチャー（＝教える人）」という名称をはるかに超えた多様な仕事をしている。その意味では、そもそも「ティーチャー」という言葉では、教師の仕事を十分には表しきれていなかったとも言える。

ところで、近年の国際機関などでは、「教師（teacher）」という言葉に代えて「教育者（educator）」という言葉を用いたり、あるいは、教師と教育者という言葉を並列的に用いたりするケースが増えてきている。最近の国際機関で使われている文書を見ても、例えば、以下のような記述がある。

> 学習者と教育者は、これまでになく学習のためのデジタル技術を使う能力を高めている。
> （2022年OECD教育大臣会合における主要論点ペーパー）（傍点筆者）

> 一握りの国だけが、意思決定の過程に若者、学習者、教師及び教育者を含めていくことを約束している。（2022年国連教育変革サミットにおけるグテーレス事務総長の報告書）（同）

これらの文書では、なぜ教師に代えて、あるいは教師と並んで、教育者（educator）という言葉を使っているのだろうか。この背景には2つの含意があると考えられる。

第一に、教育がより広く、開放されたものになってきていることである。「教師」という言葉は、例えば、「警察官」や「医師」などと同様に、特定の職業を表す言葉である。これまでの教育は、教師が行ってきた。これは、犯罪者の逮捕は警察官が行い、患者の治療は医師が行うのと同様である。一方で、教育については、多くの国で地域の住民など「教師」以外の人による教育への参加が見られるようになっている。例えば、フランスでは、日本のソーシャル・ワーカーに相当する「エデュケーター」と呼ばれる職種が存在しており、障害を含めて様々なサポートを必要とする子供たちを支援しているが、学校も重要な活動場所の一つとなっている。日本でも、コミュニティ・スクールで地域住民が学校運営に携わったり、支援員などの形で授業や部活動などをサポートしたりするなど、「教師」という肩書の有無にかかわらず、様々な形で教育に関わる人が増えている。

しかしながら、どれだけ熱心に教育に貢献していても、彼らは職業人としての「教師」には該当しない。一方で、「教育者」という言葉は、職業を表す言葉ではないので、例えば地域住民であっても「教育者」として活躍することは可能である。すなわち、教員免許を得て学校で雇用されている「教師」だけでなく、学校に関わっている人を広く表す言葉として、「教育者」という言葉が使われるようになってきている。その背景には、学校教育に教師以外のより多様な人々が関わるようになってきた、ということがある。

第二に、「教育者」という言葉には、古典的な教師像に対する批判的なニュアンスが含まれ場合があることである。例えば、英語圏などでは、「すべての教師が、必ずしも教育者であるわけではない」などといった形で使われることがある。

これには少し解説が必要だろう。日本や中国、韓国などでは、伝統的に教育における人格形成が重視されてきた。一方で、国によっては、人格形成は家庭の役割として捉えられている場合も多い。例えば、学校で子供同士の喧嘩《けんか》があった場合、日本であれば、教師が解決まで粘り強く指導することが一般的だが、国によっては、教師が双方の保護者を呼び出して、「あとは保護者同士でしっかり話し合ってください」とだけ言って、自分は手を放してしまうケースもある。日本であれば社会的な批判を受けそうだが、その背景には、「教師」が数学や国語など特定の教科の専門家であって、人格形成を担う仕事ではないという前提がある。

ただ、こうした教科の専門家であることを前面に押し出す教師像に対しては、やはり批判もあるようだ。子供の全人的な発達を考えれば、数学や国語などの教科だけを教えてくれる「教師」よりも、子供たちの人格形成を支えてくれる「教育者」が必要な場面も多い。その意味では、「教育者」という言葉が用いられる背景には、ただ教科の専門的な指導を行うだけで、子供の人格形成などに無関心な「教師」に対する批判的なニュアンスが込められている場合もある。

伝統的に人格形成が重視されている日本の教育においては、上記の第二の点は必ずしも新しい話ではない。道徳や学級活動、ホームルームなどを中心に、倫理や価値観に関することについて議論したり、「教師」が指導したりすることも一般的である。その意味では、少なくとも「教師」が教科のことしか教えてくれないといった批判は、日本ではあまり当てはまらないだろう。

むしろ、日本でより大きな変化として意識されるべきなのは第一の点である。すなわち、教師以外の多様な人々が、教育に関わってきているということである。もちろん、教育の中心が教師であることは、これからも大きくは変わらないだろう。しかし、近年では保護者はもちろん、地域住民、NPOなどを含めて、より多くの人が教育に関わっていくことは、世界的な潮流になってきている。かつては、教育に携わろうとすると、その選択肢は教師という職業に就くこと以外にはほとんど考えることができなかった。しかし、多様な「教育者」が学校に関わってくるようになることは、新たな可能性が広がることでもある。

実際、最近は、教育に関心を持つ人の進路も「教師」一辺倒ではなくなってきている。例えば、教員養成系の大学に進んだ学生が、不登校の子供たちや探究学習の支援などを行うNPO法人であったり、教育系のソフトウェアを開発する会社に就職するなど、必ずしも「教師」という職業にとらわれずに教育の世界で活躍し続ける人も増えている。「教育者」という概念が登場したことは、教師以外の立場から教育に関わろうとする様々な人を後押しすることにもなるだろう。

さらに言えば、「教育者」の裾野が広がることは、これからの教師の活躍の幅を広げることにもつながるかもしれない。というのも、これまでは、特に公立学校の場合、いったん教師になると、教職を外れるというキャリアパスは基本的に想定されていなかった。異動があるとしても、都道府県や市町村の教育委員会で指導主事や管理主事として数年間勤務する程度の、ほぼ単線型の仕組みであった。しかしながら、例えば、教師がいったん学校を離れ、何年かNPO法人や民間企業などで経験を積んだうえで、いずれまた学校に戻ってくることなども、もっと考えてもよいのではないだろうか。これまでは、一度辞めてしまうと、教師として復職するのは難しかったが、近年は、教師不足もあってそのハードルも下がっている。日々忙しい教職から、いったん離れることで、改めて教職の素晴らしさを感じる人もいるようだ。教育の担い手としての「教育者」を広く捉えることで、学校という組織の多様性・柔軟性が増すことにもつながれば、新しい教育の息吹が生まれるかもしれない。

第一章　教育は何を目指すべきか

1　世界のパラダイム転換

経済成長モデルの限界

言うまでもなく、教育は、産業や医療、福祉などと並ぶ大きな社会システムの一つである。本節では、世界全体がどういう方向に向かってきたのかを、教育という視点から一歩引いて概観したうえで、改めて、今後の教育がどうあるべきかについて考えてみたい。

時代を第二次世界大戦直後に遡ると、当時の世界は多くの課題に直面していた。日本を含め、戦災によって国土が荒廃した国々では、復興が喫緊の課題であったし、アフリカをはじめとする途上国では、人々は貧困や飢餓の問題に直面していた。

ところが、戦後しばらくして復興が進んでくると、先進国と途上国の間に、再び大きな差が広がってくる。米ソを中心とする東西の冷戦構造の下、日本は急速な復興を遂げ、1950年代半ばから20年近くにわたって高度成長期を迎えた。また、第二次世界大戦で大きな被害が生じたドイツやフランスなどのヨーロッパ諸国も、アメリカによる欧州復興計画（通称、マーシャル・プラン）を通じた援助などによって、着実に経済復興を遂げていった。1950年代にはアジア各国が、1960年代以降はアフリカ各国が相次いで独立し、次々に植民地を失ったが、ヨーロッパ域内での貿易や資源の利用などで相互協力を強めることで対応していく。1952年にはヨーロッパ石炭鉄鋼共同体、1958年にはヨーロッパ原子力共同体、ヨーロッパ経済共同体が設立され、1967年のヨーロッパ共同体（EC）の設立につながっていく。

一方で、途上国では相変わらず貧困や飢餓の問題が続き、内戦や紛争も頻発していた。とりわけ、アジア・アフリカの各国が独立の動きを強めたことにより、途上国における問題が顕在化するようになった。そして、拡大を続ける先進国と途上国との格差の問題は、東西が対立する冷戦構造に対して、「南北問題」という形で取り上げられた。

「南北問題」に対する国際社会の動きは早かった。1961年には、国連において、途上国の経済成長を促して、貧困問題の撲滅につなげるための「国連開発の10年」が始まった。1964年には国連貿易開発会議（UNCTAD）が創設されたほか、先進国による途上国支援も加速していった。日本の政府開発援助（ODA）が本格化していったのも、この時期である。しかしながら、途上国における貧困の問題に対して先進国が行ったのは、主として市場メカニズムを導入することだった。経済成長を促すことによって、貧困問題の解消につなげようとしたのだが、実際には貧困は必ずしも減少せず、むしろ増加することもあった。

一足先に経済成長を遂げた先進国においても、新たな問題が生じていた。とりわけ、工業化の進展に伴う公害や環境汚染は深刻で、イギリスでのロンドンスモッグ事件（1952年）や日本の水俣病《みなまた》（1956年に確認）、イタイイタイ病（1968年に公害病に指定）など、世界各地で重大な問題が発生していた。また、この頃からヨーロッパでは河川や湖沼での魚の死滅や森林での樹木の枯死が相次ぐなど、酸性雨の問題も顕在化するようになった。さらに、1970年代から80年代に入ると、オゾン層の破壊や地球温暖化などが世界的に問題視されるようになったが、冷戦末期となる1986年には、ソ連でチェルノブイリ（現在のウクライナのチョルノービリ）原発事故が発生し、国境を越えて放射性物質が飛散するという甚大な被害をもたらした。

このように公害や環境の問題が深刻化して一国だけの問題ではなくなってくると、必然的に、国を超えて協力して対応することが求められる。しかし、先進国と途上国での立場の違いも明らかになってきた。例えば、1972年にストックホルムにおいて開かれた国連人間環境会議においては、先進国が環境保護の重要性を主張する一方で、途上国側は、自分たちにとっての環境問題は、水道や住宅、衛生、教育などの社会的インフラの改善であると主張するといった状況が生じていた。

そうした中で、1987年に国連の環境と開発に関する世界委員会が公表した報告書“Our Common Future”（通称、ブルントラント・レポート）では、環境保護と開発を両立していくために、「持続可能な開発（sustainable development）」の概念が取り上げられたことで知られている。この流れは、1992年の国連環境開発会議（リオ地球サミット）における気候変動枠組条約や生物多様性条約の提案につながっていく。また、1995年の国連世界社会開発サミットで採択されたコペンハーゲン宣言では、「人間中心の持続可能な開発」という考え方が示されるなど、従来の開発概念に変容が見られるようになってくる。

もっとも、環境問題の改善への糸口が少しずつ見え始めた一方で、途上国においては、依然として貧困や飢餓などの問題が続いていた。また、1980年代後半から1990年代にかけて、ソマリア（1988年）、アフガニスタン（1989年）、ボスニア・ヘルツェゴビナ（1992年）、チェチェン（1994年）、ルワンダ（1994年）、コソボ（1998年）など、世界各地で内戦や紛争が発生した。さらに、1990年代に入ると、HIV・エイズの感染拡大が深刻な問題となり、例えば、ボツワナでは15歳から49歳までの4割弱がHIVに感染したと推計されている。HIV・エイズの問題は、貧困やジェンダー、教育のあり方なども密接に関係する問題であった。

人間重視の世界観へ

途上国における貧困や飢餓、HIV・エイズなどの問題は、2000年の国連ミレニアム開発目標（MDGs）の策定へとつながっていく。MDGsには、貧困や飢餓の撲滅、初等教育やジェンダー平等、エイズ・HIVやマラリアの蔓延《まんえん》防止など2015年までに達成すべき8つの目標が盛り込まれている。MDGsは、途上国を中心としながら、世界中のすべての人に対して、生活の基盤を保障していこうとする国際的な取り組みであった。

ＭＤＧｓにおける8つの目標の下で各国が取り組みを行った結果、例えば、極度の貧困に苦しむ人の割合は、世界人口の36％（約19億人、１９９０年時点）から12％（約８・４億人、２０１５年時点）にまで減少したほか、初等教育を受けた子供たちの割合が80％から91％に上昇したり、２０００年から２０１４年までの間における新たなＨＩＶ感染者数を約35％減少させたりするなど、一定の成果を挙げた。

しかしながら、ＭＤＧｓの目標年である２０１５年が近づく中で、乳幼児死亡率や女性の就職率・政治参加などのジェンダー格差、ＣＯ２排出量の大幅な増加など、目標の一部は達成困難であることも明らかになってきた。また、それまでは環境保護と、貧困や飢餓などの問題とは別の文脈で議論されることも多かったが、両者は相互に関係し合っていることから、併せて議論していくべきとの意見も強まるようになった。こうした流れが統合されて、２０１５年の国連総会における「持続可能な開発のための２０３０アジェンダ」の採択につながる。一般に広く知られているＳＤＧｓは、この２０３０アジェンダの一部になる。

ここに至るまでの、環境問題や貧困、飢餓などをめぐる議論の中で明らかになってきたのが、それまでの経済成長中心の世界観の限界を認識したうえで、人間らしい生き方や暮らし方に、正面から向き合おうとすることである。すなわち、人間重視の世界観に向かってきたということである。

先進国での議論

ＳＤＧｓが、世界１９３の国が加盟（２０２４年現在）する国連を舞台にした議論であったのに対して、ＯＥＣＤの文脈においても、同じような動きが生じている。ＯＥＣＤの加盟国は38か国（２０２４年現在）であり、今でこそ増えたものの、１９８０年代までは加盟国は24か国のみであった。途上国が大多数を占める国連に対して、主として先進国から構成されるＯＥＣＤは、「先進国クラブ」などと呼ばれることもあった。

ＯＥＣＤの前身は、１９４８年に設立されたＯＥＥＣ（欧州経済協力機構）という組織である。ＯＥＥＣは、第二次世界大戦で荒廃したヨーロッパの経済を復興させるために、マーシャル・プランの実施を主な目的として設立されたが、その後、ヨーロッパの経済復興が進む中で、アメリカやカナダの参加も得て、１９６１年にＯＥＣＤとして発展的に改組することとなった（日本は１９６４年に加盟）。

第二次世界大戦後、ＯＥＣＤ加盟国は一定の経済成長を遂げることができた。しかし、一方では、国内では貧富の格差や公害、環境汚染など様々な問題も生じるようになった。そこで、ＧＤＰ（国内総生産）を中心とした経済成長に代わる新しい目標として、創立50周年を迎えた２０１１年に、「より良い暮らしのための、より良い政策（Better policies for better lives）」をスローガンとして掲げ、ウェルビーイングの追求を新たなミッションとして位置付けたのである。

ＯＥＣＤがウェルビーイングを目標に掲げた背景にあるのも、経済成長の限界である。経済成長はもちろん重要だが、それだけでは、経済格差や環境問題など多くの社会問題の解決には至らない。そして、これまでは経済成長という目標の下で、ややもすれば見過ごされてきた、一人一人の生き方、暮らし方、生活環境といった側面にようやく光が当てられるようになったのであり、人間重視の世界観への転換という点でＳＤＧｓの議論と重なるのである。

現在の社会がこうした新たなパラダイムに入ったということは、これからの教育を考えていく上でも十分に意識していく必要があるだろう。

2　国連が採択したＳＤＧｓ

持続可能な成長

ＳＤＧｓについて、もう少し詳しく見てみよう。ＭＤＧｓとＳＤＧｓの最大の違いは、ＳＤＧｓがより広範な概念として整理されていることである。例えば、ＭＤＧｓが途上国を主な対象としており、その行動主体も国連や政府だったものが、ＳＤＧｓではすべての国が取り組むこととされ、行動主体も、国連や政府だけでなく、企業や個人まで含めたより広いものになっている。目標についても、ＭＤＧｓでは教育やジェンダー平等、貧困、健康に関する基本的な内容が中心だったが、ＳＤＧｓでは環境と経済発展との調和を重視した項目が多く追加されて

図表11　SDGsの17目標

出典：国際連合広報センター

おり、項目の数も８から17へと増えている。

図表11はＳＤＧｓの17の目標を示したものだが、このピクトグラムを目にしたことがある方も多いだろう。これらの目標それ自体は、「貧困をなくそう」（目標１）や「海の豊かさを守ろう」（目標14）など、一見、抽象的に見える。しかし、ＳＤＧｓは各目標の進捗《しんちょく》状況を確認していくことを意識して作られており、これらの17の目標に対して１６９のターゲット、２３２の指標が設定されており、国をはじめとした行動主体は、これらに沿った行動を求められることになる。例えば、「貧困をなくそう」（目標１）であれば、「２０３０年までに、一日に１・25ドル未満で生活している極度の貧困を、世界中から撲滅する」など７つのターゲットが設定されており、さらに、それぞれに一つ以上の指標が設定されている。

ただ、この目標１もそうだが、上述のような背景から、SDGsの目標には基本的な内容が多い。例えば、SDGsの目標2は「飢餓をゼロに」だが、そのための具体的な目標として「誰もが栄養のある食料を十分に手に入れられるようにする（ターゲット2・1）」、「栄養不足による発育不良を減らす（ターゲット2・2）」などが掲げられている。また、SDGsの目標6は「安全な水とトイレを世界中に」であり、具体的には「2030年までに、すべての人々の、安全で安価な飲料水の普遍的かつ平等なアクセスを達成する（ターゲット6・1）」、「2030年までに、すべての人々の、適切かつ平等な下水施設・衛生施設へのアクセスを達成し、野外での排泄《はいせつ》をなくす（ターゲット6・2）」といった目標が設定されている。

これらの目標はもちろん重要なものだが、日本を含めた先進国においては、基本的に達成されていることであり、今さら目標として掲げることには、むしろ違和感があるだろう。ただ、途上国の中には、まだまだこうした課題に直面している国も多い。その意味では、SDGsは国連に加盟する193の国のすべてが達成すべき最低限のラインとでも言うべきものである。

日本でのSDGsとESD

近年、SDGsは世界的に広く普及している。世界経済フォーラムが2019年に28か国の約2万人を対象にして行った調査では、16歳から74歳までの回答者の約74％がSDGsについて認識しており、約26％が良く知っているか、ある程度知っていると回答している。MDGs

の実行主体として想定されていたのが国連や政府機関だったのに対して、ＳＤＧｓの場合には、企業や個人まで含めた取り組みが期待されている。その分、ＳＤＧｓの活動も社会全体に広がってきている。

実際、企業の経営方針などを見ると、多くの企業が、何らかの形でＳＤＧｓへの貢献を謳っているか、ＳＤＧｓを企業や投資家の観点から捉えた概念とも言えるＥＳＧ（環境、社会、ガバナンス）経営を標榜《ひょうぼう》している。具体的には、再生プラスティックの使用や製造工程におけるＣＯ2削減に取り組んだり、児童労働によって製造された商品の購入を控えたりするなど、環境や人権への配慮などが挙げられる。企業にとって、ＳＤＧｓやＥＳＧ経営に言及することは、もはや企業の社会的責任（ＣＳＲ）の観点からも不可欠なものになっているのだろう。

もちろん、教育の面でもＳＤＧｓは注目されている。例えば、環境保護や貧困、格差、ジェンダー、経済成長、国際理解など、ＳＤＧｓの目標に関するテーマについて、理科や社会科、総合的な学習の時間など様々な授業で扱われている。また、日本が国連の場で提案したＥＳＤ（Education for Sustainable Development：持続可能な開発のための教育）という考え方があり、「地球規模の課題を自分ごととして捉え、その解決に向けて自ら行動を起こす力を身に付けるための教育」として定義されているが、ユネスコにはＥＳＤ課という組織も設けられ、ＥＳＤの推進はユネスコの重要なミッションの一つとされている。

というのも、ＥＳＤは、ＳＤＧｓの目標4（＝質の高い教育をみんなに）の一部（ターゲット

4・7）としても位置付けられているが、単なるターゲットの一つというだけでなく、それ以上の意味も持っている。すなわち、SDGsが掲げる17の目標全体を達成していくためには、上述のように国だけでなく企業や個人も含めた社会全体での取り組みが不可欠であることから、ESDはSDGs全体の目標を実現するための基盤としての意義も持つとされているのである。

ESDの提案国である日本では、ESDの取り組みも活発に行われている。一例として、福島県の山間部に位置する只見町《ただみまち》の事例を紹介しよう。同町では、町内の学校を挙げてESDに取り組んでいるのだが、子供たちに普段の山あいの生活から離れて、海岸でゴミ拾いを体験させる機会を作っている。すると、子供たちは、生活の中で出される様々なゴミが海洋汚染に影響していることを実感したという。町に戻ってからは、従来のビニール袋に代えてリサイクル可能な新聞紙でゴミ袋を作るなど、自らの行動を変容させていったのである。興味深いのが、こうした子供たちの姿を見た町の大人たちまでが、行動を変えるようになったということである。まさに、個人レベルでの取り組みまで期待されているESDの理念を体現したものと言えるだろう。

以上のように、国連の場においてはSDGsという形で、従来のような経済成長重視の世界観から、環境問題やジェンダーなど、人々の生き方や暮らし方に関わるような人間重視の世界観に移ってきている。SDGsの考え方の背景には、そうしたパラダイム転換がある。

3　ウェルビーイングへの注目

ＯＥＣＤによるミッションの再定義

前節では、主に国連を舞台としたＳＤＧｓの成立に至る歴史を見てきたが、上述のように、ＯＥＣＤにおいても、これと似たような経緯が見られる。

ＯＥＣＤの正式名称である「経済協力開発機構」という言葉が示すように、その主要なミッションとされていたのは経済成長である。しかしながら、ＯＥＣＤが設立されてから半世紀が経《た》つ中で、ヨーロッパ諸国やアメリカなどの先進国を中心とするＯＥＣＤ加盟国においては、経済的にはある程度豊かな生活が実現している。その一方で、例えば、富の集中、移民などを含めた社会格差の深刻化、大気や水質の汚染などの環境破壊といった多くの社会問題が顕在化してきた。

こうした社会問題は、ＧＤＰなどのマクロ経済指標が伸びたとしても、必ずしも改善されるものではない。そのため、２００８年にフランスのサルコジ大統領（当時）が、いずれも世界的に著名な経済学者であるジョセフ・スティグリッツ、アマルティア・セン、ジャン゠ポール・フィトゥシの三氏に呼び掛けて「経済成果と社会進歩の計測に関する委員会」を設置し、従来の経済指標に代わる新たな目標について検討した。この委員会における議論を参考にして

ＯＥＣＤが提案したのが、ウェルビーイングという概念である。

もっとも、ウェルビーイングという言葉自体はＯＥＣＤの専売特許ではなく、それよりはるか以前から使われていた言葉である。英語圏で最も権威があるとされるオックスフォード英語辞典では、ウェルビーイングについて、「良好な状態」、「幸せ、健康、繁栄している状況」などと定義しており、用例によると、17～19世紀ごろまでには、ほぼ現在のような意味合いで用いられるようになったようだ。その後、１９４８年に採択されたＷＨＯ（世界保健機関）の憲章の前文には、「健康とは、単に疾病や病弱な状態ではないということではなく、身体的、精神的、そして社会的に完全に良好ですべてが満たされた状態（ウェルビーイング）である」という表現が見られる。

ＯＥＣＤによるウェルビーイングの提案が注目を集めたのには、いくつかの理由がある。第一に、ウェルビーイングの概念を11の項目を用いてモデル化するとともに、それぞれの項目について具体的な指標を設定したことがある。ＯＥＣＤがもともと収集している膨大な国際比較のデータ群を用いることで、私たちの生活の様々な側面について、一定の定量的な比較が可能になったのである（後掲図表12参照）。第二に、単にＯＥＣＤが提案したというだけでなく、ＯＥＣＤ自身が、２０１１年に設立50周年を迎えた際に、組織の新たなミッションとしてウェルビーイングの実現を位置付けたことがある。従来、ＧＤＰなどのマクロ経済指標を中心に経済的成長を主要なミッションとしてきたＯＥＣＤにとって、生活の質的側面も含めたウェルビーイングをミッションにしたことは大きな方針転換であり、その後のOECDの各種プロジェクトにも大きな影響を与えることになった。2019年には、OECDが2015年から行っている教育プロジェクトである"Future of Education and Skills 2030"（通称、Education 2030）で策定した学習枠組みである「ラーニング・コンパス（学びの羅針盤）」においても、教育の究極的な目標として位置付けられている。

日本での浸透

ウェルビーイングという言葉については、近年日本でも様々な場面で目にするようになっている。教育の世界では、2023年に閣議決定された政府の第4期教育振興基本計画において「日本社会に根差したウェルビーイングの向上」が盛り込まれたことが注目されたが、実は、それより前となる2021年に策定された「第6期科学技術・イノベーション基本計画」や「経済財政運営と改革の基本方針」（いわゆる「骨太の方針」）でも、既にウェルビーイングが盛り込まれている。

もっとも、具体的な取り組みという点では、企業や学校などの方が先行している部分もあるようだ。例えば百貨店事業などを営む株式会社丸井は、「すべての人が「しあわせ」を感じられるインクルーシブな社会を共に創る」ことをミッションとし、社員の健康を重視することはもちろん、やりがいや働き方も重視したウェルビーイング経営を掲げている。また、グループウェアなどを提供するサイボウズ株式会社では、かつては社員の離職率が30%近くに達しており、業績も良くなかったという。しかし、社員一人一人の声に耳を傾けながら、ボトムアップで制度の見直しを図っていくと、社員のウェルビーイングとともに生産性も向上し、現在では離職率も1桁台になっているという。

ウェルビーイングの実現を、教育目標や指針として掲げる学校も現れている。子供たちのウェルビーイングはもちろんのこと、働き方改革が重視される中で、とりわけ、教職員のウェルビーイングについての関心が高まってきているようだ。例えば、大阪市のある中学校・高等学校では、一般に「生徒指導部」と呼ばれる校内の組織を、教師・生徒双方のウェルビーイングを考えるための組織である「ウェルビーイング部」として位置付け直している。中学や高校の「生徒指導部」というと、強面《こわもて》の教師が、生徒の校則違反を一方的に取り締まったりするイメージが強い。しかし、この学校では「生徒のウェルビーイングを高める」という方向に転換するとともに、生徒だけでなく教職員のウェルビーイングについても考える組織とした点が注目される。

企業や学校など、様々な場面でウェルビーイングという言葉が使われるようになっているが、その具体的な内容は一律ではない。しかしながら、これらの取り組みに概ね共通しているのが、単に心理的な幸福感を高めたり、健康を増進したりするといったことにとどまらないことだ。すなわち、対象となるのが企業の社員であれ、学校の生徒であれ、教職員であれ、一人一人のやりがいや生きがい、充実感、自己実現といった、これまで以上に本質的な部分に迫ろうとしていることである。もっと言えば、企業や学校といった組織が、改めて従業員や子供たち一人一人に正面から向き合おうとしている動きだと言ってもよいだろう。

言うまでもなく、従来からこうした観点がなかったわけではない。しかし、企業であれば、会社の都合を優先して、社員に過酷なノルマを課したり、夜間や休日であろうと飲食やゴルフなどで接待させたり、家庭の事情にも配慮せずに社員に単身赴任を命じたりするなど、社員のウェルビーイングを犠牲にしてきた部分もあったのではないだろうか。また、学校でも、運動会や遠足などの行事を例年通りに実施したり、日々の授業を計画通りに行ったりすることが目的化してしまい、子供たち一人一人が直面している状況や抱えている思いにまで目が行き届かない場合もあったのではないだろうか。そうした中で、もう一度、一人一人を大切にして、向き合っていくことこそが、最も求められていることなのではないだろうか。それだけの重みがあるからこそ、ウェルビーイングの考え方が注目を集めているように思われる。

「幸福感」との違い

ウェルビーイングについては、日本語での適切な訳語が存在しないため、「幸福感」や「幸福度」などと訳されている場合がある。しかし、そのような訳出では、ウェルビーイングの意味を過度に狭く捉えてしまうことになる。というのも、ウェルビーイングは、必ずしも主観的側面だけに限られたものではないと解するのが一般的だからである。例えば、WHO憲章がウェルビーイングに触れていることは既に述べたが、そこでも、ウェルビーイングを「精神的」側面だけでなく、「身体的」や「社会的」な側面も含めて捉えている。

国連の専門機関の一つであるユニセフ（国連国際児童基金）も、ウェルビーイングを包括的に捉えている。ユニセフは2020年に子供たちのウェルビーイングに関する報告書を公表しているが、ここでも、ウェルビーイングを、①精神的ウェルビーイング、②身体的健康、③スキル、の3つの側面から構成しており、主観的な側面は3つの観点のうちの一つとされているに過ぎない。

ちなみに、このユニセフの報告書が公表された際に、日本の子供たちの「幸福度」が「世界ワースト2位」と報じられたことがあったが、厳密には、①の精神的ウェルビーイングに関する順位についてのことである。この調査での日本の総合順位は38か国中20位であり、とりわけ身体的健康については1位だったのだが、狭義の「幸福度」だけが切り取られた結果だったのである。

次に、OECDが提案するウェルビーイング測定の枠組みを見てみよう。図表12に示すように、「現在のウェルビーイング」について11の項目が設定されており、それらは大きく「生活の質」と「物質的条件」という2つの領域に分類されている。まず、「生活の質」（図表12の上段左側）を見ると、伝統的に重視されてきた「主観的幸福」や「健康状態」も含まれてはいる

図表12　OECDにおけるウェルビーイングの測定枠組み

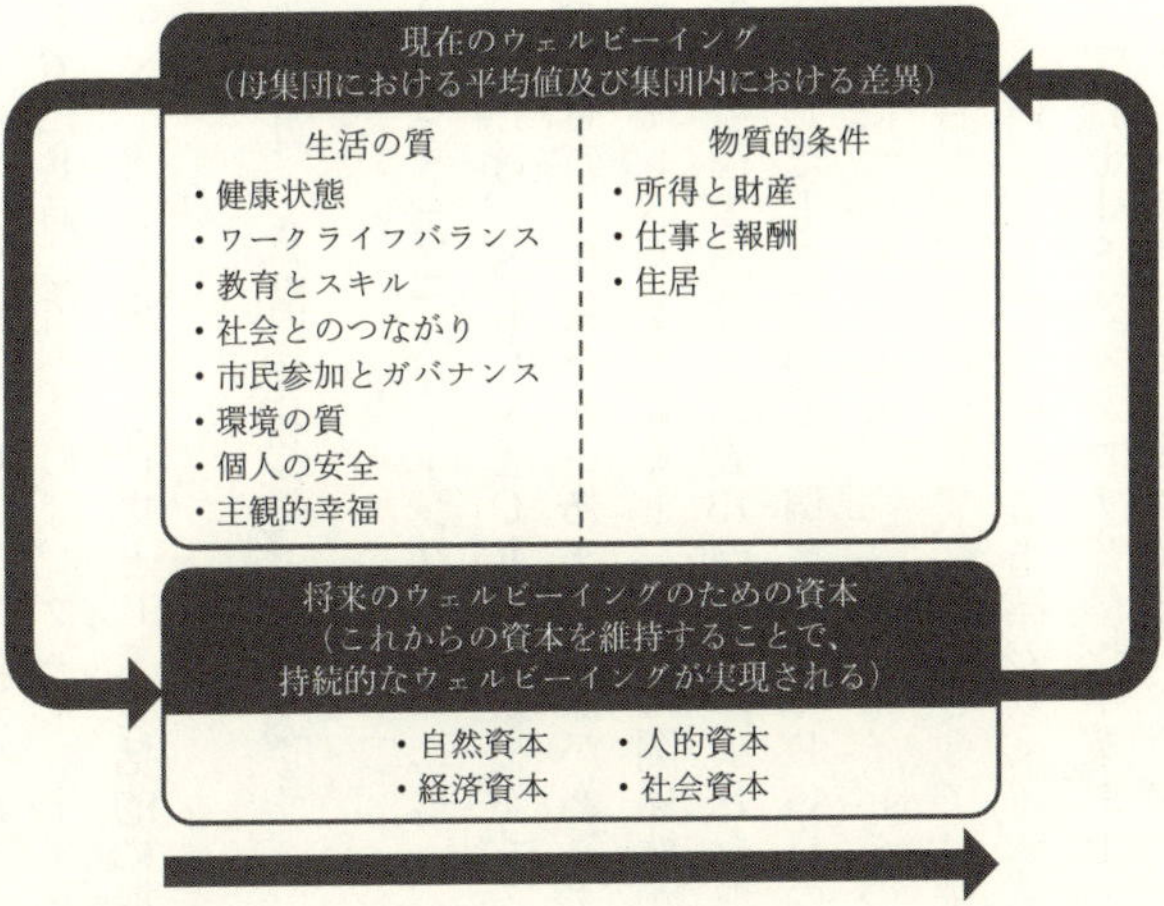

出典：OECD（2017）

が、加えて「教育とスキル」や「ワークライフバランス」といった個人に関わる項目や、自己を取り巻く環境に関する「環境の質」や「個人の安全」といった項目も盛り込まれている。さらに、「社会とのつながり」や「市民参加とガバナンス」といった、他者や社会との関係性に関する要素も含まれている。すなわち、個人・社会・環境といった要素が網羅されているのである。また、もう一つの領域である「物質的条件」（図表12の上段右側）を見ると、「所得と財産」「仕事と報酬」「住居」などが列挙されている。

　ユニセフのウェルビーイングに関する枠組みが、若者や子供たちを対象にしたものであるのに対して、OECDの枠組みは、「所得と財産」や「仕事と報酬」などの項目まで含めており、大人も対象にしたより幅広い要素から構成されているという点では違いがある。ただ、WHOが示した定義も含めて、これらの考え方に共通しているのは、ウェルビーイングを「幸福感」や「幸福度」といった視点だけではなく、多様な要素を前提として包括的に捉えているということである。

4　人間重視に立ち返る

SDGsとウェルビーイングの比較

図表13は、SDGsとOECDが提案するウェルビーイングを比較したものである。それぞれの項目だけを見ると、あまり関係があるように見えないかもしれないが、各項目に設定された指標のレベルまで見ると、両者の関係性が明らかになってくる。

60頁の図表14は、図表13の一部の項目を取り出して、それぞれに設定されている指標について比較したものである。例えば、OECDのウェルビーイングの枠組みにおける「所得」という項目について見ると、ウェルビーイングの指標としては家計の可処分所得や純金融資産といった項目が並ぶのに対して、SDGsでは栄養不足蔓延率や発育阻害の蔓延度といった指標が入っているように、用いる指標のレベル感が違っている。「教育」についても、ウェルビーイングではPISAのスコアや高校卒業以上の割合などが指標とされているのに対して、SDGsの目標4では、最低限の習熟度レベルに達している子供の割合や、高校だけでなく小学校や

図表13　OECDのウェルビーイング指標と国連SDGsの関連性

ウェルビーイング（OECD）	SDGs（国連）
1．仕事	8．働きがいも経済成長も 9．産業と技術革新の基盤をつくろう
2．所得	1．貧困をなくそう 2．飢餓をゼロに 10．人や国の不平等をなくそう
3．住居	1．貧困をなくそう 3．すべての人に健康と福祉を
4．ワークライフバランス	3．すべての人に健康と福祉を 5．ジェンダー平等を実現しよう 8．働きがいも経済成長も
5．生活の安全	16．平和と公正をすべての人に
6．主観的幸福	すべての目標に関連している
7．健康状態	3．すべての人に健康と福祉を
8．市民参加	5．ジェンダー平等を実現しよう
9．環境の質	6．安全な水とトイレを世界中に 7．エネルギーをみんなに　そしてクリーンに 12．つくる責任　つかう責任 13．気候変動に具体的な対策を 14．海の豊かさを守ろう 15．陸の豊かさも守ろう
10．教育	3．すべての人に健康と福祉を 4．質の高い教育をみんなに 5．ジェンダー平等を実現しよう
11．コミュニティ	11．住み続けられるまちづくりを 17．パートナーシップで目標を達成しよう

出典：OECD（2019）

図表14　SDGsとウェルビーイングの指標

ウェルビーイング（OECD）	SDGs（国連）
所得 ・家計の調整純可処分所得 ・家計の純金融資産	**目標2－飢餓をゼロに** ・栄養不足蔓延率 ・5歳未満の子供の発育阻害の蔓延度
教育 ・PISAの平均スコア ・25～64歳における後期中等教育以上の修了者割合	**目標4－質の高い教育をみんなに** ・読解力や計算力で、最低限の習熟度レベルに達している子供の割合 ・初等教育及び（前期・後期）中等教育の修了率
環境の質 ・水質に関する満足度 ・世帯専用の屋内水洗トイレのない住宅に住む割合 ・WHOの基準値を超えたPM2.5にさらされている人の割合 ・徒歩10分以内にくつろげる緑地がある人の割合	**目標6－安全な水とトイレを世界中に** ・安全に管理された飲料水サービスを利用する人の割合 ・安全に管理された公衆衛生サービスを利用する人の割合 ・石鹸や水のある手洗い場を利用する人の割合

出典：国連ホームページ及びOECD（2017）を基に筆者作成

中学校を含めた修了率などが用いられている。すなわち、先進国を念頭において設計されたウェルビーイングと異なり、途上国まで含めたすべての国を対象にするSDGsの方が、より基本的な目標を設定している。

ほかの項目についても同様であり、例えば、「環境」に関する指標として、OECDでは「水質に関する満足度」、「世帯専用の屋内水洗トイレのない住宅に住む割合」を設定している一方で、SDGsでは「安全に管理された飲料水サービスを利用する人の割合」、「安全に管理された公衆衛生サービスを利用する人の割合」といった指標が設定されている。同じ「環境」という観点ではあるが、具体的な指標のレベルになると、やはりSDGsの方が基本的なものとなっている。

以上のようなSDGsとウェルビーイングの関係を整理すると、図表15のように整理できる。すなわち、要素としては重なり合いながら、OECDのウェルビーイングについては、より先進国を念頭においた指標が、国連のSDGsについては、途上国も含めたより普遍的な指標が用いられている。

図表15　SDGsとウェルビーイングの関係性

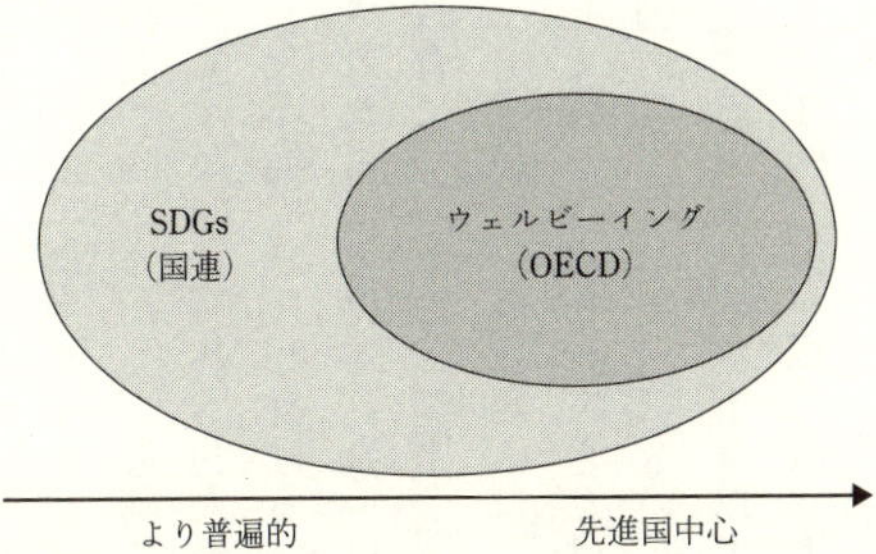

筆者作成

「個人の尊厳」に向き合う

これまで、SDGsやウェルビーイングが、いずれも戦後の経済成長重視の世界観から人間重視の世界観に転換する中で発展してきた概念であることを見てきた。人間重視の世界観とは、「個人の尊厳」を重視することと言い換えてもよいだろう。2000年に定められたEU基本権憲章（The Charter of Fundamental Rights of the European Union）でも、第一章が「尊厳」とされ、その第一条が「個人の尊厳は不可侵であり、尊重され、保護されなければならない」とされているように、近年、個人の尊厳が改めて注目されている。

SDGsの目標にあるように、栄養不足に苦しんでいたり、安全な飲み水も利用できないような環境が、「個人の尊厳」の観点から問題があることは明らかだ。一方、ウェルビーイングの指標にあるように私たちの生活において空気中のPM2・5の濃度が高かったり、近隣に緑地がなかったりしても（図表14参照）、直ちに生命に危険があるわけではないし、基本的人権が侵害されているとまでは言えないかもしれない。しかし、そのような環境で暮らし続けることも、その国や社会の状況によっては「個人の尊厳」が十分に尊重されたものとは言えないはずだ。

教育についても、「個人の尊厳」が尊重されたものでなければならないのは当然である。そもそも学校という仕組みは、子供たちが自立した大人として幸せな生活を営んでいくことを期待して作り上げられてきたはずだ。しかし、実際には、多くの問題に直面している。

例えば、日本国内でもいじめに関する事案が頻繁に報じられているが、ユニセフの集計によると、過去30日間に1日以上のいじめがあったと答えた生徒の割合については、最も多いエジプトは70％、第一章で取り上げたシンガポールは36％、エストニアは30％であり、いずれも日本の18％よりはるかに高い。また、学校では様々な暴力事件も起きているが、国によってその様相も異なっており、例えば、アメリカの国立教育統計センターのデータによると、同国の学校では、2000年から2022年までの間に合計で1375件もの銃の発射事件が発生し、死亡515人、負傷1161人という、日本では考えられないような深刻な状況が生じている。

こうしたいじめや暴力があってはならないのは当然だ。しかし、それらがなければ十分、ということでもない。一見、元気に学校に通っているように見える子供たちにしても、日々の学校生活に充実感ややりがいを感じられているだろうか。静かに先生の話を聞いているように見えても、心の中では、授業が終わるまでの時間をひたすら耐え忍んでいたり、昨日見た映画の内容を頭の中で再生して過ごしたりしている、という子供たちも少なくないはずだ。そうした状況においても、本当に「個人の尊厳」が大切にされていると言えるのだろうか。

もっとも、いきなり「個人の尊厳」という言葉を持ち出しても、やや抽象的に過ぎる。それに、人によって受け止め方が違う場合もあるだろう。例えば、明治以来、刑法に定められていた尊属殺（自分や配偶者の父母、祖父母などに対する殺人）に対する重罰規定が、1973年の最高裁判決で違憲とされ、その後廃止されたように、社会の価値観は常に変わり得る。

そこで、国際的に普遍性のある基準として策定されたSDGsやウェルビーイングの目標を参考にして、「個人の尊厳」の観点から、もう一度学校のあり方を捉え直してみたい。以下、具体的なテーマを例として取り上げて考えてみよう。

学力と学習意欲

はじめに、「教育」について考えてみたい。既に見たように、SDGsでは「読解力や計算力で、最低限の習熟度レベルに達している子供の割合」、「初等教育及び（前期・後期）中等教育の修了率」などの項目が、ウェルビーイングではPISAのスコアや後期中等教育の修了率などが指標として用いられている。

日本では、初等中等教育の修了率が高いことはもちろんとして、2000年代初頭にはPISAのスコアが下がって「PISAショック」と呼ばれた時期もあったが、近年は国際的にも高いスコアを出しており（前掲図表6参照）、OECDからも成績上位国（top performing countries）の一つとして認識されている。

また、PISAにおいては、各国のスコアだけでなく、「家庭の社会経済文化的背景」（ESCS：Economic, Social and Cultural Status）と生徒の成績との関係性についても調べている。一般に、どの国でもESCSの水準と生徒の成績には正の相関関係が見られる。こうした格差をどれだけ是正することができるかも、教育の大きな役割と考えられているのだが、日本ではESCSが生徒のスコアに与える影響が比較的小さくなっている。すなわち、学校教育による格差是正の機能が大きいということだ。

こうした学力に関する結果を見る限り、日本の教育には特段の問題はないという結論になりそうである。しかしながら、子供たちに正面から向き合おうとすると、そのように判断してよいのか疑問が残る。学力水準や格差是正といった観点ももちろん重要だが、子供たちが教育に対してどう感じているかについても考える必要があるのではないだろうか。実際、PISAの一環として行われている生徒へのアンケートにおいて、気になる点がある。それは、学習に対する内発的な意欲の低さだ。PISAが主な対象とする3分野のうち、科学的リテラシーを重点調査分野としたＰＩＳＡ２０１５では、生徒の科学に対する態度について尋ねている。その中に、内発的動機付け（科学の学習自体が楽しいという学習意欲）や道具的動機付け（将来のために科学の学習が役立つと考えることによる学習意欲）などに関する質問があるのだが、特に内発的動機付けについて、日本はＯＥＣＤ平均よりもかなり低い結果となっている。

内発的動機付けが低いということは、日本の子供たちは、なぜその教科を学ぶのかという学習の意義や本質を十分感じられていない可能性がある。もし、学校生活の中で圧倒的な時間を占める授業の時間が、子供たちにとって学ぶ意義や楽しさが感じられなかったり、やりがいがないものだったりしたら、子供たちも苦しいだろうし、何より、貴重な時間と学習機会を奪うことでもある。

それでは、少しでも学習の意義を感じられるようにするためには、どうしたらよいだろうか。様々なアプローチが考えられるが、一つだけ具体的な事例を挙げてみたい。

新潟市のある中学校では、新年度の授業が始まる4月頃に時間をとって、各教科を担当する教師と生徒たちが、「どのような授業にしていったらよいか」、また、それぞれの教科を「なぜ学ぶのか」、「どんな意味があるのか」といったより根源的な問いについて議論する機会を設けている。学校の先生方によると、この年度初めのセッションを入れたことにより、生徒たちの学ぶモティベーションが格段に上がったのを感じるという。

もちろん、こうしたセッションを行うだけで、すべての生徒が納得できたかどうかはわからない。しかし、こうした取り組みは、やろうと思えばどの学校でもできることである。わずかな工夫を行うだけでも、その後の生徒の授業に対する意欲が大きく変わってくる可能性があるのだ。大切なのは、生徒の立場に立って考えることであり、そうすることで新たな改善策が見えてくる。

学校生活と余暇のバランス

次に、ワークライフバランスについて考えてみよう。ウェルビーイングでは、「週50時間以上働く長時間労働者の割合」や「余暇などに使うことのできる時間」などが指標とされている。SDGsにはワークライフバランスに直接相当する項目はないが、目標3「すべての人に健康と福祉を」では「専門家の介助を受けた出産の割合」や「交通事故による死亡率」、目標8「働きがいも経済成長も」では、「労働災害の発生状況」、「労働権の国内コンプライアンスのレベル」などが指標とされている。SDGsにしてもウェルビーイングにしても、単に働いてお金を稼げばよいということではなく、働きがいがあることや、安心・安全な労働環境、十分な余暇の確保などについても想定しているようだ。

ワークライフバランスは、もちろん大人を対象に考えられているのだが、これを子供たちの文脈に当てはめて考えてみたい（ワークライフバランスに代えて、スクールライフバランスと呼ぶことにする）。大人たちと同様に、子供たちも、ただ学校に登校して、勉強や部活をしていればよいというわけではないのは当然だ。学校生活に学びがい、やりがいを感じながら、安心・安全な環境で学校生活を送るとともに、学校以外の時間などを含めて、良い環境で学校生活を送ることが望ましい。

ここでは、スクールライフバランスを考える一つの手がかりとして、子供たちの睡眠時間に着目してみたい。２０１３年にベネッセ教育総合研究所が行った調査によると、中学生の平均起床時刻は6時35分、就寝時刻は23時16分であり、平均睡眠時間は7時間19分となっている。この数字だけ見ると、それほど少ないようには見えないかもしれないが、日本の厚生労働省も参照している米国睡眠医学会のガイドラインによると、中学生・高校生に推奨される睡眠時間は8〜10時間とされており、日本の中学生の平均睡眠時間はこれをかなり下回っている。実際、中学生・高校生の約7割が「疲れている」、「忙しい」と答えており、子供たちのスクールライフバランスに課題があることを示唆している。生徒たちに話を聞いても、毎日、朝8時半頃から15時頃まで授業があって、その後も部活や塾などで忙しくしていることが多いようだ。

それでは、こうしたスクールライフバランスの問題について、どう対応していったらよいか。例えば、宿題について考えてみよう。上述の調査によると、中学3年生が宿題に費やす平均時間は約40分である。ただ、これはあくまでも平均値であり、全体の37・7%が1時間以上の時間を費やしているし、中には2時間、3時間をかけている子供もいる。もちろん、授業で足りない部分を補完したり、予習・復習を含めた学習習慣を形成するという意味では、宿題には大切な役割があることは理解できる。また、宿題をたくさん出すように希望する保護者も多く、宿題を減らすとクレームにつながるという教師からの切実な声も聞こえてくる。しかし、問題は宿題に伴う負担だ。子供たちは、上述のように授業以外の時間も忙しくしている。中には、部活動に熱心に取り組んでいて、日夜練習に励んでいたり、あるいは、ヤングケアラーのように、家事や介護などに時間を割かれてしまい、物理的に宿題をこなすことが難しい子供もいるはずである。たとえ、目的は正しいとしても、宿題が子供たちの学校以外での生活時間を奪うものであることは否定できない。

その意味では、宿題の内容や分量については、子供たちの状況をよく考えて吟味すべきだろう。実際、宿題を全員必須の部分と、選択制の部分に分けることでバランスをとっている学校や教師もいる。そうしたわずかな工夫でも、子供たちのスクールライフバランスに余裕が生まれて、意外な効果が出てくる可能性がある。

学校の意思決定への参画

次に取り上げたいのが、市民参画（civic engagement）という視点である。日本ではあまり聞きなれない言葉であるが、政府に対して信頼を置くことができるかどうかは、ウェルビーイングの重要な要素とされている。具体的には、投票率やルール作りへのステイクホルダーの参画が指標とされている。確かに、投票率が高いほど、政治的意思に主権者である国民の意思が反映されていると考えられるし、法令などの様々なルールも、国や自治体が一方的に作るのではなく、その過程に市民が参画していく方が、より主権者の意図に沿ったものが作られるだろう。一方、ＳＤＧｓには市民参画という項目はないが、目標５において、ジェンダー平等の実現が求められており、例えば、国・地方における女性議員の割合、ジェンダー平等を実施・監視するための法律の枠組みの有無などが指標とされている。

ここでは、市民参画という視点を学校の文脈にどう落とし込むことができるか考えてみたい。多くの学校では、子供たちが学校における意思決定に参画する機会は多くないだろう。私自身、色々な学校を訪問する機会があるのだが、その際に子供たちと話をすると、「学校では、何も自分で選ぶことができない」といった声をよく耳にする。確かに、担任の先生も、クラスも、時間割も、教科書も、制服も、給食も、既に決まっていることがほとんどだろう。ただ部活動については子供たちが自分で選ぶことが一般的であり、だからこそ、中学・高校時代の一番の思い出として部活動を挙げる子供たちが多いのかもしれない。

もちろん、未成年の子供たち、とりわけ低学年の子供たちが様々な意思決定をしていくことに限界があるのは当然である。授業づくりや成績評価については専門的な知見が必要であるし、また、理科の実験や体育の授業での事故防止、給食でのアレルギー対応を含めた安全管理に関することなど、大人が責任をもって判断しなければならない部分も多い。

しかしながら、子供たちは、いずれは主権者として社会を担っていく存在である。将来の主権者として、発達段階に応じて意思決定にかかわっていくことは必要なことだろう。子供たちがすべてを選択するのは現実的でないとしても、これまで大人だけで決めてきたことについて、子供の意見に耳を傾ける機会を少しずつ設けていくだけでも、子供たちは主権者としての心構えを身につけていくことができるのではないだろうか。

実際、最近になって、子供たちの参画を重視した学校運営を行う学校が増えてきている。特に、従来は教師が一方的に決めてきた校則や学校行事の見直しについて、子供たちの参画を得ながら決定する方向に変わりつつある。例えば、さいたま市の中等教育学校では、生徒会が校則の検討を進めたうえで、最終的に、生徒会と校長との「約束」という形で校則を決定している。校則に対する子供たちの意識も、大きく違ってくるだろう。

安心・快適な学校の環境

最後に紹介するのが、「環境」についてである。ウェルビーイングでは、上述のようにPM2・5や近隣の緑地空間などの指標が設定されていて、より豊かな生活の質が追求されているのに対して、SDGsでは安全な飲料水や石鹸や水のある手洗い場など、基本的な衛生環境の確保が重視されている（前掲図表14参照）。

子供たちが安心して、気持ちよく学校に通うためには、最低限の衛生環境が整っていることはもちろんだが、一定の快適さも重要だろう。近年、日本の住宅環境はかなり快適なものになってきている。内閣府の消費動向調査によれば、エアコンの普及率は92・5％、温水洗浄便座の普及率も82・0％となっている（2024年3月末現在）。浄水器や空気清浄機を入れて、水や空気の質にこだわっている家庭も多いし、ロボット掃除機も広く使われるようになっているようだ。

そうした快適な環境に馴染《なじ》んだ子供たちが学校に行ったとき、一体どのように感じるだろうか。もちろん、モダンなデザインや、木材をふんだんに使った内装など、素敵な校舎も増えてきてはいるが、そうした学校建築はまだまだ少数派だ。多くは築数十年が経過した無機質で殺風景なコンクリート建築だし、掃除も隅々まで行き届いているとは言いがたい。通常の教室にはほとんどの学校でエアコンが導入されたが、体育館や特別教室のエアコン普及は遅れており、夏になるとうだるように暑く、冬場には底冷えがする。トイレも洋式化が進みつつあるが、温水洗浄便座があるケースは少ない。もちろん、贅沢《ぜいたく》を言えばきりがないし、国や自治体の予算にも限りはあるのだが、学校に来ること自体がストレスになるような環境であれば、やはり見直していくことも必要だろう。

また、環境を広く捉えれば、学校の建物や教室のデザインについても考える点がありそうだ。例えば、学校にはプライバシーを確保できる場所が少ない。もちろん、子供たちの安全を守るために必要な側面もある。教師の目の届かないところで、思わぬ事故が起きたり、いじめや暴力行為などが発生したりする可能性もあるからだ。一方で、死角が少ないということは、子供たちからすれば、常に他の誰かの視線にさらされることでもある。

例えば、授業の中で教師と生徒が話す会話について、プライバシーは守られているだろうか。教師が授業中に机を回りながら、「ここはちょっと違っているね。もう一度考えてみたらどうかな」などと生徒に声を掛けることはしばしばあるだろう。こうした「声掛け」は、一般的に教師がとるべき望ましい行動として受け止められている。もちろん、そうした個別の声掛けをうれしいと感じる子供もいるだろう。しかし、教師の声掛けの内容によっては、自分が十分理解できていないことを、周囲のクラスメイトにまで知られてしまうことにもなりかねない。そうしたプレッシャーが、場合によっては不登校などにつながってしまう場合もあり得るだろう。

こうした部分は、学校の造りにおけるわずかな配慮で改善できる部分もある。デンマークのある学校では、特定の子供への指導が必要な場合には、教室の一角に設けられたアルコーブのような場所で行っているという。このアルコーブは一定の独立性があるため、そこで交わされる会話については、周りの子供たちから聞かれずに済む。こうしたわずかなスペースがあるだけで、子供たちも安心して教師と話すことができるだろう。

そうした例は、もちろん日本にもある。筆者が沖縄県のある小学校を訪れたときのことだ。その学校は、いわゆるオープンスペースの造りとなっていて、教室と廊下の間に壁がないのだが、面白いのは、廊下の周囲を取り巻くように作り付けのベンチが配されていた点である。休憩時間には子供たちが話したり、遊んだりする場となっているのだが、驚いたことに、通常ならば「保健室登校」などと呼ばれるような、何らかの理由で教室に入るのが難しい子供が、このベンチで個別に授業を受けていたのである。一般に、廊下と教室は壁によって厳然と仕切られており、（かなり古いイメージだが）先生に叱られた子供が「廊下に立っていなさい」と言われて、教室から排除される場という印象がある。しかし、この小学校では、オープンスペースの特徴をうまく生かして、クラスメイトの顔が見えて、声も聞こえるような「つかず離れず」の微妙な距離で個別の支援を行っており、学校建築の特性を指導に上手に生かしているようだ。子供たちへの指導について、日本では教師の力量に頼りがちな面もあるが、環境という視点からの対応についても、もっと考えるべきだろう。

対話を通じた最適化

以上、ＳＤＧｓやウェルビーイングを手がかりにしながら、「個人の尊厳」という観点から、子供たちの状況を考えていくための例を紹介してきた。国際的な枠組みを参考にしてはいるが、あくまでも、どうしたら子供たちの状況がより良いものになるか、という当たり前のことを考えているに過ぎない。ただ、学校に限ったことではないが、世の中には意外なほど当たり前のことができていないことが多い。

２０２４年６月、群馬県のある小学校の健康診断で、78歳の男性学校医が児童の下着の中を無断でのぞき、中には泣き出した子供もいて騒動になったという事案が報じられた。学校医は大学教授も務めた小児内分泌学の専門家であり、医療的見地からの行為だったと主張しているようだが、児童の心情やプライバシーといった「個人の尊厳」に対する配慮が欠けていたことは否定のしようがない。ただ、この事例のように、何が当たり前なのかという判断は、意外に難しい。子供たちやその親からすれば非常識な行為であっても、この学校医にとっては当たり前という認識だったのだ。

時代によって、国や地域によって、年齢や性別によって、あるいは文化や宗教によって、当たり前の基準が違うこともある。刑法の尊属殺に関する規定が違憲判決を受けたことは既に述べたが、他にも、古い映画やニュースなどを見ると、職場や電車の中で喫煙しているシーンが登場して驚くことがあるし、「保母」や「看護婦」など、特定の職業を性別と結びつける呼び名が改められたのも、20世紀末以降のことである。こうした事例のように、かつては当たり前だったことが、現代では当たり前ではなくなっていることも多い。だからこそ、人間重視の視点に立ち返り、SDGsやウェルビーイングなどの普遍性のある国際的な枠組みを活用しながら、学校や子供たちの実情に即したものにしていくことが求められる。

その際には、子供たちがどのように考えたり、感じたりしているのかを大切にすることが重要である。教師が良いと考えていても、子供たちはそうは考えない場合もあるはずだ。子供たちの「個人の尊厳」を考えていくためには、大人が決めつけることなく、対話を通して、子供たちの考えを聞いていくことがより大切になってくるだろう。そうした実践の積み重ねが、将来の日本を担う、次代の主権者を育てることにもつながるのだ。

第二章　「主体性」を捉え直す

1　理想と現実のギャップ

データから見えてくる姿

日本の教育において、「主体性」や「主体的」は最もよく使われる言葉の一つである。各学校はそれぞれが学校教育目標を掲げているが、「主体的に行動する力」、「主体的に考える子」といった目標を掲げることも少なくない。また、いわゆる「アクティブ・ラーニング」も、学習指導要領においては、「主体的・対話的で深い学び」と表記されている。通知表などにおける学習状況の評価でも、知識や思考力だけでなく、「主体的に学習に取り組む態度」についても評価することになっているし、大学入試でも、「主体性を持って多様な人々と協働して学ぶ態度」が身についているかの評価が重要だとされている。２０２２年に日本経済団体連合会（経団連）が会員企業などを対象に行った調査でも、企業が採用時に大卒者に特に期待する資質として、回答項目中で最多となる84％の企業が「主体性」を挙げている。

教育界だけでなく、経済界においても主体性が重視されているのだが、本当に日本の子供たちに主体性は身についているのだろうか。この点について、日本財団による若者意識調査の結

図表16　18歳の意識調査「自身について」

（各国n＝1000、※各設問「はい」回答者割合）

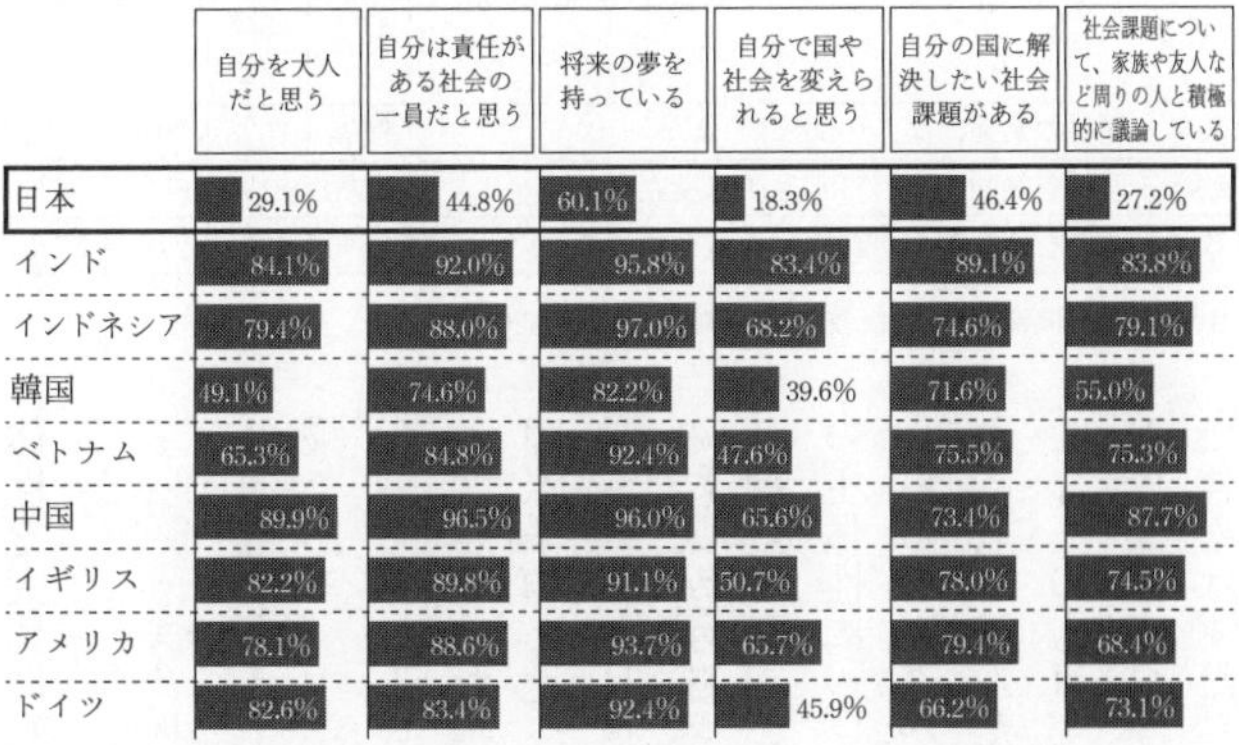

出典：日本財団「18歳意識調査」第20回―社会や国に対する意識調査―

果を紹介しよう（図表16）。この調査は、アメリカや中国、インドなど9か国の18歳の若者の意識を尋ねるものである。具体的には、「自分は責任がある社会の一員だと思う」「将来の夢を持っている」「自分で国や社会を変えられると思う」「自分の国に解決したい社会課題がある」などの6項目について、肯定的に答えた若者の割合を調べている。このデータを見る限り、肯定的な回答をした日本の若者の割合は、少なくとも本調査の対象となった国の中では顕著に低い。

言うまでもなく、肯定的回答の割合が高いからといって、一概に、その国の状況の方が良いと判断できるわけではない。ただ、特に気になるのが、「自分は責任がある社会の一員だと思う」や「自分で国や社会を変えられると思う」といった項目についての日本の低さである。主

図表17　数学・理科の学習に対する生徒の意識

生徒質問紙調査（対象：中学校２年生）において、下記項目につき、「強くそう思う」、「そう思う」と回答した生徒の割合の合計	数学		理科	
	日本	国際平均	日本	国際平均
数学・理科の勉強は楽しい	56%	70%	70%	81%
数学・理科を勉強すると日常生活に役立つ	73%	81%	65%	84%
数学・理科を使うことが含まれる職業につきたい	23%	49%	27%	57%

出典：IEA国際数学・理科教育動向調査（TIMSS2019）

体性を大切にしてきたはずの日本の教育の成果が、この結果なのだろうか。

もう一つ、少し異なる観点のデータも見てみよう。図表17は、２０１９年に行われた「国際数学・理科教育動向調査（ＴＩＭＳＳ）」の結果である。中学2年生を対象に、数学と理科の学習についての生徒の意識を尋ねるものだが、数学や理科の勉強について、「楽しい」「役立つ」といった項目に、肯定的に回答している日本の子供たちの割合は、国際平均と比べて顕著に低い。どの学校も、子供たちが「主体的」に学ぶことを目指しているはずなのに、このデータからは、むしろ反対の結果が示唆されるのである。

もちろん、ここで紹介した2つの調査結果だけで、日本の子供たちの主体性について、確定的な判断ができるわけではない。しかし、これらのデータが示す現状からは、日本の子供たちが主体性を持って学習に取り組んだり、学校生活を送ったりしている姿が浮かび上がってこないのも事実である。日本は主体性を重視してきたはずだが、期待したような結果になっているのか、少なくとも、そうした問題提起はできるはずだ。

「重いランドセル問題」が突きつけるもの

果たして子供たちに主体性が身についているか、データ以外にも気になることがある。ここでは、一つの事例として「重いランドセル問題」を取り上げてみたい。

近年、かつての「ゆとり教育」と呼ばれた時代と比べると、学習指導要領で定められている学習内容が増えたこともあって、教科書が厚くなっている。しかし、学校によっては、「置き勉禁止」と言って、教科書などの勉強道具を学校に置いて帰ることを禁止している場合がある。不合理に感じるかもしれないが、それぞれの学校の考えや事情として、例えば、宿題をきちんとこなすためだったり、予習・復習といった学習習慣を作ることが目的であったり、あるいは物理的に教室内に保管できる場がなく、紛失や盗難のリスクを防ぐためだったりするようだ。

ただ、地域によっては、ときに10キロ近くになるランドセルを背負って、20分、30分あるいはそれ以上の時間をかけて登下校しなければならない場合もある。特に小学生の場合には、まだまだ発育途上である。成長への悪影響を心配した保護者や研究者の方から、文部科学省に対して対策をとるよう、様々な要請が寄せられていた。

しかし、教育行政においては、各自治体に置かれている教育委員会や学校の裁量は大きい。「置き勉」を禁止するかどうかといった学校内のルールについて、そもそも国が法令で規制しているわけでもない。そのため、文部科学省では「各自治体や学校で判断してほしい」という回答を続けてきた。ただ、そうしたやりとりを繰り返していても何の改善にもつながらないし、現に困っている子供たちがいる以上は、少しでも前に進めないかという思いもあった。そこで、文部科学省から各教育委員会などに向けて、それぞれの事情に応じて、この問題の見直しを行うよう求める事務連絡を発出したのだが、筆者の頭には、常に一つの疑問が浮かんでいた。それは、「なぜこの重いランドセルの問題を、各学校で解決できないのか」ということである。

そもそも、各学校が自ら定めているルールなのだから、そこに問題があれば、各学校が解決すればよいだろう。それに、もしランドセルが重いのであれば、子供が教師に相談すればよい。もちろん、小学校低学年だったり、あるいはコミュニケーションが苦手だったり、教師に直接相談するのが難しい場合もあるかもしれない。ただ、そうした場合であっても、保護者から伝えてもらったり、PTAで取り上げたりすることもできる。要は、学校あるいは学級の単位でも十分に解決できるはずなのに、そうした動きにつながらなかったのが不思議だったのである。厳密に言えば、実際に子供たちが動いて解決につながった学校もあるのだが、数としては決して多くないようだった。

もし、自分自身が「重いランドセル」を負担に感じながら、解決を図ろうとしないのであれば、主体性が身についているとは言えないだろう。いや、問題解決を図ろうとしないだけならば、まだマシかもしれない。より深刻なのは、問題が発生しているにもかかわらず、それが問題だとすら認識できていない状況である。問題を認識できていないのであれば、そもそも解決に向けた行動がとられるはずもない。「重いランドセル問題」は、あくまで一例に過ぎない。それぞれの地域や学校において、様々な問題があるはずである。例えば、中学校の運動会で一時期、生徒たちが組体操の「巨大ピラミッド」に取り組む動きが広がったことがあった。確かに、多くの生徒が協力して一つの大技を作り上げることの意義はわからなくはない。しかし、巨大なピラミッドが崩れたりすれば、深刻な事故につながる可能性もある。そのため、各方面から危険性を指摘する声が上がり、2016年にスポーツ庁が「組体操等による事故の防止について」と題する事務連絡を出すことになった。その結果、急速に見直しが進んできたようだ。

結局、「巨大ピラミッド問題」も、「重いランドセル問題」と本質的に同じ構図なのだ。本来なら、生徒が、「先生、これだけの高さのピラミッドだと、崩れたときに危険だと思います」などと声を上げることができたはずだ。しかし、学校単位での見直しが進まないまま、結果的に国から通知が出されるという、「重いランドセル問題」と同じような結末に至ったのである。

2　そもそも共通理解はあるのか

宿題を忘れずに提出することは「主体的」か

こうした事例やデータを見てくると、「主体性」を重視してきたはずの日本において、主体性が十分に育っていないのではないかという疑問が浮かんでくる。しかし、そもそも主体性という言葉が抽象的だし、定義についての共通理解はあるのだろうか。共通理解なしに主体性が大事と言っていても、それではなかなか前に進まない。そこで、議論の参考に、筆者が実際に見聞きした2つの事例を紹介したい。

【事例1】

一つ目は、さいたま市の中学校を訪れた際のことである。学年主任の先生と色々な話をしていたのだが、その言葉の中に、「うちの生徒のほとんどが、宿題を期日までに遅れずに提出しているんですよ。主体性が身についているんです」というものがあった。もちろん、生徒が宿題を期日までに提出することを否定する必要性はないし、それはそれで肯定的に評価すべきとは思う。しかし、期日までに宿題を提出することをもって「主体性が身についている」と評価してよいのか疑問に思った。

【事例2】

二つ目は、東京都内の中等教育学校の公開授業に参加していたときのことである。授業の中では、「歴史とは、科学なのか」というテーマで、4、5名ずつのグループに分かれてディスカッションが行われていたのだが、議論が大変盛り上がったため、授業時間内ではとても終わらず、チャイムが鳴ってからも教室に残って議論を続ける生徒たちの姿が見られた。結局、先生から帰宅するように促されるまで議論が続いたのだが、その様子を隣で見ていた参観者の先生が感嘆した様子で筆者に話しかけてきて、「これこそ、主体的な学びの姿ですね」と言っていたのである。しかし、そうした生徒の行動を「主体的」と言い切ってしまってよいのか疑問に思った。

同じような時期に、同じ教師という立場にある人が、全く異なる形で「主体性」という言葉を使っているのを聞いて、私はそもそも「主体性」とは何なのかわからなくなってしまった。そこで、日本を代表する辞書のひとつである『広辞苑』の定義を確認してみることにした。しかし「主体性」は「主体的であること」。また、そういう態度や性格であること」とされているのみなので、「主体的」の定義を見ると、「ある活動や思考などをなす時、その主体となって働きかけるさま。他のものによって導かれるのでなく、自己の純粋な立場において行うさま」とされている。「他のものによって導かれるのでなく……自己の純粋な立場において行う」とあるので、例えば、「宿題だから」「先生に言われたから」「テストに出るから」といった外在的な理由によらず、子供自身が自らの意思で学習に取り組む姿こそが、「主体性」がある状況ということになるだろう。

この『広辞苑』の定義からすると、**【事例1】**については、「主体性」が身についているとは言えないだろう。まず教師の指示があったうえで、生徒はそれを充足するように行動しているのだから、教師による介入が前提となっている。教師によって「導かれている」と言えるだろう。

それでは、【事例2】はどうだろうか。授業時間を過ぎても、なお生徒たちが議論を続けている背景には、確かに生徒たちの自発的な意思があることは間違いない。しかし、『広辞苑』の「主体性」の定義にあるように、「他のものによって導かれることなく」と言えるのだろうか。なぜなら、授業終了後まで議論を続けるきっかけとなったのは、担当の先生による授業デザインである。「歴史とは、科学なのか」というテーマ設定も興味深いものであるし、また、筆者が参観したのは公開授業が行われた日の1コマだけだったが、それまでの授業で、議論の前提となる知識や関連する論点が取り上げられていたことは明らかだった。そもそも、前提となる知識や理解がなければ、生徒たちも長時間の議論を続けることができないはずだ。【事例2】の「主体性」が発揮されるに至る背景には、担当していた教師による緻密な計画があり、そのうえで授業がデザインされていたはずである。そう考えると、【事例2】のケースについても、「先生によって導かれた」うえでの主体性ということになるのだろう。

主体性のパラドックス

そもそも、英語や数学にしても、総合的な学習の時間にしても、運動会にしても、修学旅行にしても、学校教育という文脈において、子供たちが、「他のものによって導かれるのでなく、自己の純粋な立場において行う」ようなケースは、基本的に存在しないのではないだろうか。なぜなら、教育という営為自体が、程度の差はあるとしても、生徒が教師の指導の下で学んでいく仕組みであり、実際、具体的な教育活動のほとんどは、教師による働きかけによって行われているはずである。

そうなると、少なくとも教育という文脈で「主体性」を語るのであれば、『広辞苑』の定義はぴったりとは当てはまらないことになる。それにもかかわらず、誰もが教育における主体性が大切だと語っている。主体性がどのようなものか明らかでないのに、誰もが主体性が大事だと主張するという、いわばパラドックスとも言えるこの状況を、どのように理解したらよいのだろうか。

このパラドックスを読み解くカギは2つある。

一つが、既に見てきたように、教育における「主体性」とは、そもそも教師による働きかけを前提としていることだ。その意味では、『広辞苑』が定義するような一般的な主体性にとらわれず、これとは別に、教育という文脈における主体性を考えるべきだろう。

もう一つが、教育における主体性が、教師による一定の働きかけを前提としているとしたうえで、働きかけにも様々なグラデーションがあるということだ。教師からの働きかけが強い場合もあれば、弱い場合もある。教師による働きかけが強すぎれば、実質的に教師からの指示のようになってしまい、生徒が主体性を発揮する余地がなくなってしまう。一方で、教師の関わり方が弱すぎても、表面的な主体性になってしまうおそれがある。教師が必要な働きかけをせずに、生徒がただ自分のやりたいことをやっているという状況は、教育が目指す主体性の育成と同義ではないはずだ。

3　国際的な視点から問い直す

英語に訳すことができるか

「主体性」に関するパラドックスが少しずつ解けてきたところで、さらに話を一歩進めてみたい。次にヒントとして考えたいのは、外国において主体性がどう受け止められているのか、である。それを知るためには、少なくともその英語訳を考える必要がある。ところが、これが意外なほど難問なのだ。改めて、主体性が多義的に使われてきた言葉であることが痛感される。

とりあえず、辞書などを参考にしながら主体性の英訳の候補をリストアップしていくと、例えば、以下のような言葉が考えられる。

- activeness　積極性
- pro-activeness　（先を見越した）積極性、能動性

- autonomy 自律、自主
- subjectivity 主観
- independence 独立、自立
- individuality 個人
- voluntariness 任意
- responsibility 責任

しかし、正直なところ、どの言葉も「主体性」の英語訳としてはピンとこないのである。そこで、様々な場で、現職の先生方を中心に、どれが主体性に最も近い言葉か尋ねてみることにした。これまでのところ、pro-activeness（積極性、能動性）か autonomy（自律性）のいずれかが多いようだ。ただ、最も多い選択肢となっている2つの言葉を見ても、「積極性、能動性」と「自律性」とでは、日本語の意味としてもかなり異なる。ここから浮かび上がってくるのは、主体性の大切さについては誰もが合意しながらも、実は、そこで重視しているポイントは、人によって大きく違っているということである。

主体性とエージェンシー

どうやらこのままでは、議論が暗礁に乗り上げてしまいそうだ。そこで、いったん英訳は横

図表18　ラーニング・コンパス

出典：OECD（2019）

に置いておくとして、英語の概念として「主体性」に近い言葉はないかを考えてみたい。この点で示唆を与えてくれるのが、OECDがEducation2030プロジェクトで提案している「エージェンシー（agency）」という考え方である。「エージェンシー」は、日本ではあまり馴染みがない言葉である。心理学などの文脈で学術的に用いられる場合には「行為主体（性）」と訳されているが、一般的な用語としては、訳語が定まっているとは言いがたい。しかし、「主体性」に近いニュアンスを持っていることは間違いなさそうなのである。

図表18は、Education2030プロジェクトで策定された「ラーニング・コンパス（学びの羅針盤）」のイメージ図である。同プロジェクトが目標年とする2030年のウェルビーイングを実現していくためには、エージェンシーの発揮が必要であることが表現されているのだが、OECDでは、このエージェンシーについて「変化を起こすために、自分で目標を設定し、振り返り、責任をもって行動する能力」と定義している。「自分自身や周囲に対して、積極的に良い方向に変わるように影響する能力」とも表現されているが、こうした情報だけでは、なんとも捉えどころがないだろう。ただ、OECDの文書を丹念に読んでいくと、その意味するところがより明確になってくる。

ポイントはいくつかあるが、OECDが最も強調していることとして、エージェンシーが他者との関係性の中で育つとされていることがある。エージェンシーは、自ら目標を定めてそれに向かって行動する能力なのではあるが、当然、自分で「こうしたい」、「こうすべきだ」という思いがあっても、物事はそう簡単には進まない。例えば、教師だけが一方的に説明を続けるような授業に不満があるとしよう。「もっと対話型の授業に変えてほしい」と思っても、クラスメイトが必ずしも自分と同じ不満を抱いているかどうかはわからない。また、教師にも考えや信念があるだろう。あるいは、教師自身も授業を変えたいと思っていても、保護者からの要望や管理職の方針があったりして、必ずしも自由にはできない状況かもしれない。そうしたときに、ただ自分の不満や希望を教師にぶつけるだけでは、解決にはつながらない。なぜ授業のやり方を変えるべきなのか、その目的やメリットについて論理的に説明したり、違う考えや立場の人の意見にも耳を傾けたり、必要がある場合には自分の考えを軌道修正したりしながら、自分が目指すべき変化を起こしていくことになる。これこそが、エージェンシーが「他者との関係性」の中で磨かれていくという意味である。

ここで大切なのは、単に自分が「こう変えたい」という希望や情熱を持っているだけでは十分ではないということである。どれほど強い希望や情熱があるとしても、それだけでは単なる「わがまま」かもしれない。さらに、世の中のことがらの多くは、一人の力だけで解決できることではない。関係者の理解を得たり、納得してもらったりすることが必要になってくる。問題の所在を論理的に説明することはもちろん、相手の感情・心情にも配慮したり、状況によって自分の意見を修正したりするような柔軟さも必要であるし、他者に対するリスペクト（敬意）の姿勢や態度も大事になってくる。自分が持っている力を「結集」（109頁で後述）しながら、自分の目標に向けて行動していくことが求められるのである。エージェンシーは、こうしたハードルを乗り越えていく中で、さらに高まっていく。

ハートの梯子モデル

こうしたエージェンシーの趣旨を踏まえると、様々な人が集まる学校という場の重要性が改

図表19　ハートの梯子モデル

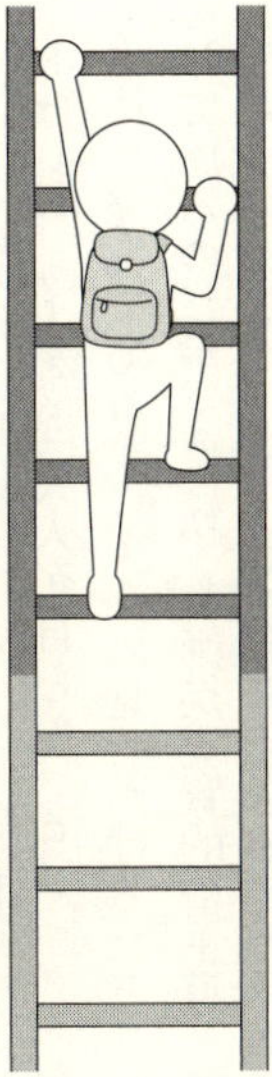

8 生徒主導
大人とのパートナーシップの下での意思決定。

7 生徒主導
生徒が主導し、自らの方向性を決めている。

6 大人主導
大人が主導するが生徒も意思決定にかかわっている。

5 相談・情報共有
大人が意思決定するが、生徒も必要な相談を受けたり情報を与えられている。

4 付与・情報共有
大人が生徒に対して仕事を割り当てる。ただし、生徒がプロジェクトに対してどのように、また、なぜかかわっているのかについては、情報が与えられている。

3 見せかけの参画
自分たちの活動について、生徒は全くあるいはほとんど影響を与えることができない。

2 装　飾
大人が主導して実行することを、生徒が助ける。

1 操　作
大人が自らのプロジェクトをサポートするために生徒を利用し、あたかも生徒の発案であるかのように見せかける。

出典：Hart（1992）, OECD（2019）

めて浮かび上がってくる。特に、クラスメイトの存在とともに、学校における教師の役割は決定的に大きいのだが、具体的にどのような役割が求められるかについては、より慎重な検討が必要になる。というのも、子供たちのエージェンシーの育成に教師が重要な役割を果たすと言っても、子供たちと教師の関係は、一律に決まったものではないからである。

ＯＥＣＤの報告書では、子供の参画について詳しいニューヨーク市立大学名誉教授のロジャー・ハートによる梯子《はしご》モデル（図表19）を参考にしながら、エージェンシーに様々なレベルがあることを示している。ここでは、教師と生徒の関係性の程度について、レベル1からレベル8までの段階があることを梯子の形状で示している。例えば、ハートはレベル1を、「大人が自らのプロジェクトをサポートするために生徒を利用し、あたかも生徒の発案であるかのように見せかける」としている。教師に対してずいぶんと辛辣《しんらつ》な表現をしているのだが、要は、教師が実質的に主導している状態である。一方で、梯子の一番上にあるレベル8では、教師と生徒が対等なパートナーシップの下で意思決定をするとしている。

校則を例に考えると、多くの学校では、教師が校則を定めたうえで子供たちに守るように求めている。それに対し、第一章では、校長と生徒の「約束」という形で校則を作っている学校があることに触れた。前者がレベル1だとすれば、後者はレベル8のイメージに近いかもしれないが、ハートの梯子モデルは、教師と子供たちの関係性にも、様々な段階があることを示している。

先に、筆者が見聞きした2つの事例（【事例1】【事例2】）を紹介してきたが、ここでは、この2つの事例をハートの梯子モデルに照らして考えてみたい。

【事例1】は、教師の指示を踏まえて、生徒が期日までに提出物を出しているというものだった。話を聞いた限りでは、教師の指示は、生徒にとってはほとんど絶対的なものとして受け止められているようだった。もしそうであれば、生徒は教師の指示に従うだけで、「自分たちの活動について……全くあるいはほとんど影響を与えることができない」状況であるから、レベル3と評価できるかもしれない。あるいは、少し意地悪な見方をすれば、教師自身が「主体性を身につけさせる」という学校の目標を達成するために、生徒に指示通りにやらせる状況を作っていただけと言えるかもしれない。もしそうだとすれば、レベル3よりもさらに低いレベル2やレベル1に相当するかもしれない。いずれにしても、この文脈での生徒の参画のレベルは、「見せかけの参画」という低い位置にとどまっていると言えるだろう。

一方で、授業が終わってもディスカッションを続けている生徒の姿が見られた【事例2】の方はどうだろうか。公開授業に至るまでの授業をデザインして、実施してきたのは担当の教師である。その意味では、教師が一定の関わりを持ちながらも、放課後という授業以外の時間に、生徒がまさしく自分たちの意思に基づいてディスカッションを行った。そうした姿は、大人が主導して、生徒も意思決定に関わるというレベル6か、あるいは生徒が主導して、自らの方向性を決めているというレベル7とも言えるかもしれない。少なくとも【事例1】と比べると、確実に梯子の高いレベルにいると言えるだろう。

主体性の再検討

ハートによる梯子モデルでは、梯子という形で、教師の働きかけの程度が、視覚的にもわかりやすく示されている。ここから敷衍《ふえん》すれば、「主体性」にも様々な段階（レベル）があることが示唆される。【事例1】で見たように、教師の指示にしたがって期日までに宿題を提出することも、確かに、生徒が主体性を発揮している場面の一つと言うことはできる。【事例2】のように、教師の指示を超えて自分たちで発展的に学ぼうとする主体性もあるだろう。これらは、同じ「主体性」という言葉で呼ばれるとしても、その内実が大きく異なっている。前節で主体性の解釈が様々であることに触れたが、このエージェンシーの梯子モデルを参考にすると、様々な解釈が生まれるのはある意味当然であるとも言える。そこには、様々なレベルのグラデーションがあるのだ。

ちなみに、注意しなければならないのは、ハート自身が、レベル8など梯子の高い位置が常に良いわけではないと述べていることだ。すなわち、必ずしもレベル8が他のレベルより優れているということではなく、生徒の理解度や学習に向かう態度、あるいは授業の進捗状況など、文脈によってどのレベルを選択するのが適切かということが、その都度変わってくるということである。例えば、生徒の学習習慣や基礎学力に課題がある場合には、【事例1】のように、まずは教師が主導して、生徒に学習習慣を身につけさせることが必要な場合もあるだろう。実際、十分な知識や方法論が身につかないままに、生徒同士での議論だけが先行しても、「活動あって学びなし」の状態になる可能性もある。一方で、【事例2】のように生徒の学習が順調に進んでいる状態では、教師が細かく指示するよりも、生徒自身により多くを委ねる形の方が効果的だろう。

その意味で、教師の役割として改めて重要になってくるのが、子供たちの学習状況や理解度、関心などを把握したうえで、それぞれの状況や文脈に応じて、どの程度の働きかけを行うのかを判断することである。そうすることによって、子供たちは必要な指導を受けながらも、「先生から言われたから」、「テストがあるから」といった「やらされ感」のある学習から脱却し、学問の面白さや意義を自分ごととして理解していくようになるだろう。それこそが、「主体性」を育んでいくための正しいアプローチではないだろうか。

第三章　子供たちに求められる「能力」

1　能力とは何か

アメリカ国務省の採用試験

新型コロナウイルス感染症が一段落したことに伴う経済活動の活性化や、少子化による若手の労働力不足が進む中で、学生の「売り手市場」が続いている。そうした中で、どの組織も優秀な人材を採用しようと必死だ。筆記試験の内容を工夫したり、通常の個人面接だけでなくグループ面接や集団討論を織り交ぜたりと、採用試験の方法に様々な工夫を施している。ところが、採用試験で高い評価を受けたにもかかわらず、いざ現場に配属されるとうまくいかないというケースは少なくない。そうしたミスマッチが生じているのは、実際に職場で必要になる能力を、採用段階で十分に評価しきれていない場合が多いからだろう。

「テストの点が良かった割に仕事ができない」、「難関大学を卒業しているのに使えない」といった話は、はるか昔から枚挙にいとまがない。意外かもしれないが、こうした問題は、日本だけで起こっているわけではない。これまでも各国で様々な分析が行われてきたが、後に世界の教育に対しても大きな影響を与えるようになったのが、ハーバード大学の心理学者であったデイヴィッド・マクレランドによる研究である。マクレランドは、様々なペーパーテストの結果が、必ずしもその後の能力の発揮と結びつかないことに問題意識を持っていた。本格的な研究を行うことになったきっかけは、マクレランド自身が創業者の一人にもなったマクバー社が、アメリカの国務省（日本の外務省に相当）から職員の採用に関する分析を依頼されたことによる。

当時、アメリカの国務省では、情報担当職員の採用にあたって、一般教養や政治学、行政学などの専門分野に関する筆記試験を課していた。ところが、いざ成績優秀者を採用しても、必ずしも業務で優れた成果を出していないというのである。そこで、マクレランドは職員へのインタビューを行って、優れた職員に共通する特徴を特定していった。その結果として分かったのは、①異なる文化の人が発言し、意味することの真意を聴き取ったり、彼らの行動を予測したりする能力（「異文化対応の対人関係感受性」）、②対立している人を含めて、また、ストレスがある場合であっても、他者の基本的な尊厳と価値を認める強い信念を保ち続ける能力（「ほかの人たちに前向きの期待を抱く」）、③人間関係における相互の影響力や、それぞれの政治的立場を素早く理解する能力（「政治的ネットワークを素早く学ぶ」）に優れている、といった特徴である。マクレランドは、こうした行動を可能にする知識やスキル、特性などを含めた広範な概念として、「コンピテンシー」という言葉を用いている。

このコンピテンシーに関する分析は、主に労働・雇用の分野で行われてきた。１９７０年代から80年代初頭にかけて、様々な組織でコンピテンシーに関する分析が行われたが、これらを

図表20　スペンサーが設定したレベル別の尺度例

「達成重視」のコンピテンシー

レベル	行動の記述
A　達成を目指すアクションの強度と徹底さ	
−1	仕事遂行に全く卓越への達成基準を示していない。仕事に対して全く特別の関心を示さず、要求されたことだけを遂行している。
0	タスクにフォーカスする。仕事には熱心に取り組むが、仕事の成果には卓越への達成基準を表明できない。
1	仕事をきちんとこなしたいと願うが、仕事をうまく効果的に進めるように努め、無駄や非効率にフラストレーションを示すこともある。しかし、実際に改善を進めるには至らない。
2	他の人たちの基準に到達するよう努める。マネジメントによって設定された基準を満たすべく努力する。
・・・	・・・
7	計算された起業家的リスクを取る。業績を向上させ、何らか新しいことに挑戦し、チャレンジングな目標を達成するために、不確実な状況であっても、際立ったリソースや時間を投入する。同時に、リスクを最小に抑えるアクションを取る。
8	起業家的努力を貫く。起業家的目標を達成するために、幾多の障害も乗り越えて、長期間にわたり懸命の努力を維持する、あるいは起業家的努力を成功に導く。

注：「達成重視」とは、優れた仕事を達成し、あるいは卓越した基準に挑む姿勢のこと。表は一部のみ抜粋し、表現も簡略化している

出典：スペンサー&スペンサー（2011）

マクバー社がメタ分析したところ、多くの組織で共通に見られるコンピテンシーが明らかになってくる。ケースウェスタンリザーブ大学の教授からマクバー社に移ったリチャード・ボヤティスは、特に卓越した管理職に見られるコンピテンシーの組み合わせを体系的に整理していたが、ライル・スペンサーとシグネ・スペンサーのスペンサー夫妻がさらに発展させ、コンピテンシーにそれぞれの指標を示した形で公表した（図表20）。例えば、達成重視や対人関係理解、チームワーク、リーダーシップといったコンピテンシーについて、レベル別に具体的な行動の尺度を用意し、

インタビューを通じて、どのレベルに該当するか判断していくことになる。このスペンサー夫妻の研究成果によって、コンピテンシーに関する理論的な展開は、いったん到達点に達する。

ちなみに、コンピテンシーが注目された背景には、欧米の雇用慣行も関係している。契約社会において人材を募集するためには、その職務内容をあらかじめジョブ・ディスクリプション（職務内容記述書）において明確にしておくことが求められる。筆者がかつてアメリカで生活し始めた当初、薬局で探していた薬が見つからず、通りがかった店員に尋ねたことがあったが、その際の返答は「それは私の仕事じゃないです」だった。柔軟に対応してくれるのが当然の日本のお店との違いにカルチャー・ショックを受けたが、よくも悪くも契約で職務内容が決まっている社会だということを痛感した。

しかしながら、こうした雇用形態では、労働者の責任が明確である反面、上記の事例のように、柔軟な対応ができないという問題が生じる。とりわけ、臨機応変な判断が求められる経営者や管理職などの場合、あらかじめ具体的な業務内容を明記しておくことには限界がある。そのため、職務内容を抽象的に記述することで対応するしかないのだが、そうすると今度は人事評価の基準を作るのに膨大な手間暇がかかることになる。そのため、欧米においてはジョブ・ディスクリプションの限界を補う概念として、コンピテンシーの考え方が着目されるようになったのである。すなわち、職務内容（ジョブ・ディスクリプション）に基づく採用から、個々人の能力（コンピテンシー）に基づいた採用への転換が期待されたのである。

もっとも、実際には、コンピテンシーに基づく採用・評価・処遇といった一連のプロセスが、必ずしもうまくいかない場合も多かったようだ。その背景には、そもそも企業においてもコンピテンシーを使いこなせていなかったこと、また、人事評価や報酬に関連付けることについて労働者の納得感が得られていなかったことなどが指摘されている。1990年代から2000年代になると、コンピテンシーに対する期待感は萎《しぼ》み、むしろ批判の声が強まってくるようになる。

教育界でのコンピテンシー概念の受容

こうしたビジネスの世界におけるコンピテンシーに対する批判の高まりと入れ替わるように、コンピテンシー概念は、その後、教育の世界で広く受容されることになる。もっとも、コンピテンシーを教育の世界に導入することについては、当初は様々な受け止めがあった。

例えば、同じ教育でも、職業に直結するような教育であれば、コンピテンシーは馴染みやすい。例えば、アメリカでプロフェッショナル・スクール（専門職大学院）と呼ばれるメディカル・スクールやロー・スクール、ビジネス・スクールなどでは、卒業後に医師や法律家、組織の経営者や管理職になることを前提とした教育が行われている。こうした教育であれば、特定の職業に求められるコンピテンシーを教育の中で身につけることも、比較的自然に受け止められるだろう。筆者が留学していたアメリカのロー・スクールでも、授業の中では教授が繰り返し、法律家としてどう考えるべきか、どう振る舞うべきかといったことを話していたが、そこには法律家として必要なコンピテンシーを育成するという明確な目的意識があった。

　しかし、初等中等教育、とりわけ小学生や中学生を対象とする教育は、子供たちの様々な可能性を前提にしている。特定の職業に就くためのコンピテンシーの育成を目的として行われるようなことについては、当初、教育関係者の間でかなりの抵抗感が生じていたが、当然の結果とも言える。

　そうした中で、コンピテンシーを初等中等教育の文脈と結びつける転機となったのが、OECDが1997年から2003年にかけて行った"Definition and Selection of Competencies"（通称、DeSeCo）と呼ばれるプロジェクトで示した「キー・コンピテンシー」という考え方である。キー・コンピテンシーは、これからの子供たちが身につけるべき能力についての提案であり、それまでのビジネス寄りのコンピテンシー論と異なるのは、より汎用的・普遍的な能力育成を目指したことにある。

　図表21に示すように、キー・コンピテンシーは「異質な人々から構成される集団で相互にかかわり合う力」「自律的に行動する力」「道具を相互作用的に用いる力」の3つの能力から構成されており、これらを省察し、振り返ることを通して活用していくものとされている。

　このキー・コンピテンシーは、各国の教育に大きな影響を与えることになった。具体的には、各国がコンテンツ重視のカリキュラムからコンピテンシー重視のカリキュラムに移行すること

図表21　DeSeCoプロジェクトで定義されたキー・コンピテンシー

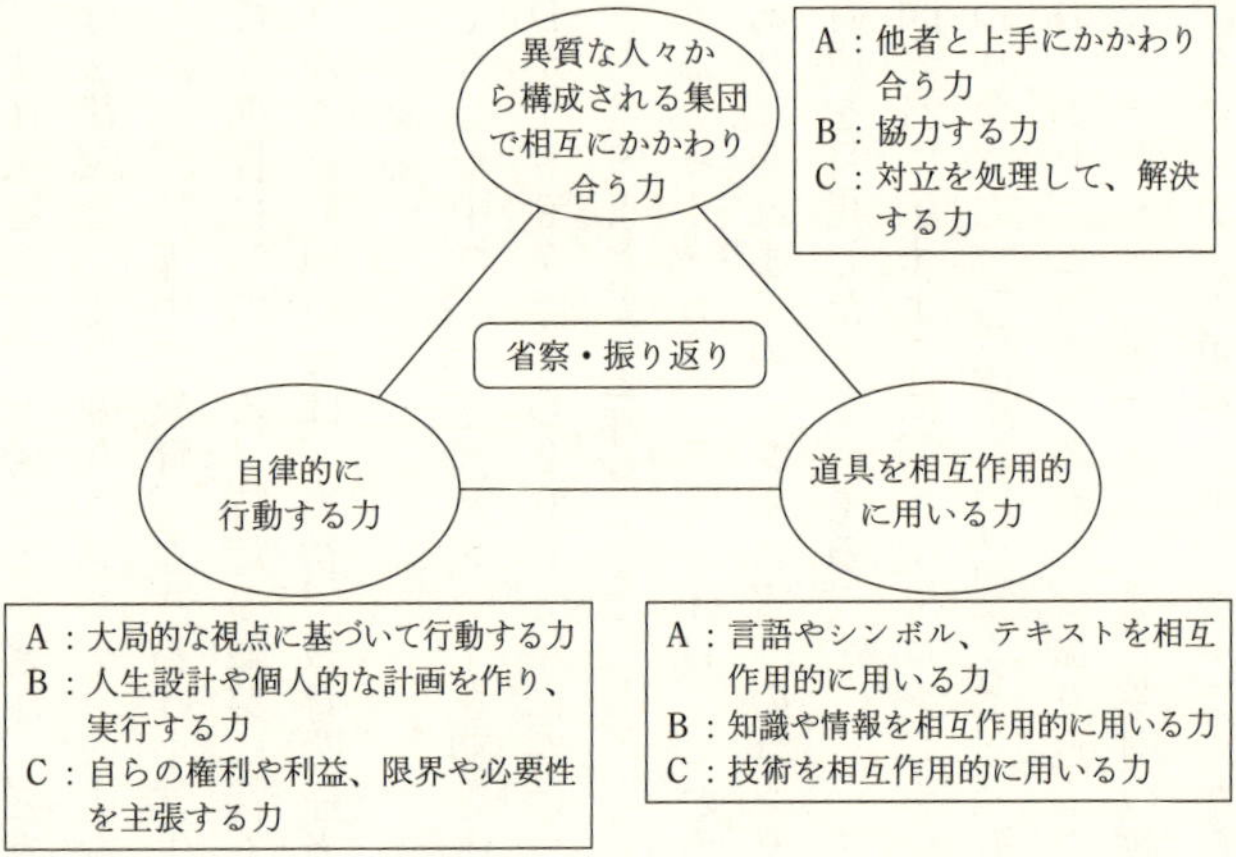

出典：OECD（2005）

となったのだが、ここで、コンテンツとコンピテンシーという言葉について整理しておこう。

伝統的な教育は、どの国においてもコンテンツ（学習内容）を中心としたものであった（ここでは、「コンテンツ主義」と呼ぶ）。コンテンツ主義の下では、どのようなコンテンツを扱うかが重視される。必然的に、教科書にどのような内容が掲載されているか、授業でどのような内容を扱うか、といったことに重点が置かれる。これに対し、コンピテンシーを重視する考え（「コンピテンシー主義」と呼ぶ）に立てば、大切なのは、どのような力が身についたのか、ということになる。

2007年に全面的にカリキュラム改訂を行ったニュージーランドは、英語圏ということもあり、表現もそのまま「キー・コンピテンシー」の育成を目指すとしている。具体的には、

図表21のDeSeCoプロジェクトにおけるキー・コンピテンシーの定義とも重なる「思考する力」「他者と関係する力」「言語やシンボル、テキストを使う力」「自分を制御する力」「参画し、貢献する力」の5つの力を身につけさせるとしている。その後、ニュージーランドに続き、2000年代初頭から2010年代にかけて、オーストラリアやシンガポール、韓国、日本などが、それぞれのカリキュラム改訂を契機として、従来のコンテンツ主義からコンピテンシー主義の方向に、軸足を移していくこととなったのである。

キー・コンピテンシーが注目された背景には、上記とも関連するが、もう一つ理由がある。それは、キー・コンピテンシーが、OECDが2000年から開始した国際学力調査のPISAの理論的な根拠とされたことによる。

国際的な学力調査を行ううえで、当然の疑問として浮かび上がるのが、異なるコンテンツを学んできた国の生徒たちの学力を、正しく比較することができるか、という問題である。例えば、日本の小学生が社会科で学ぶコメ作りの過程や江戸幕府の成立といった内容について、フランスやシンガポールの生徒が同じように学んでいるはずがない。各国の教育内容はそれぞれに異なっているから、異なるコンテンツに基づいてテストを行ったところで、学力の比較としては意味がない。そのため、コンテンツを問うような試験であればあるほど、国際的な学力比較は難しくなる。なぜなら、そのコンテンツをすべての国で共通に扱っていて、かつ、試験の対象となる学年・年齢までに履修していない限り、公平な学力比較は難しいからだ。

一方で、コンピテンシー主義に立てば、大切なのは、どのような力が身についたのか、ということである。歴史科目を例にすれば、古代から近現代までのすべてのコンテンツを満遍なくカバーすることよりも、むしろ、歴史的な資料を読み解いたり、比較の視点を持って考えたりする力が身についているか、といったことが問われる。取り上げるのがどの時代であっても、そうしたスキルを身につけていれば、別の時代に対しても当てはめて考えることができる（「転移（transfer）」と呼ばれる）からだ。

コンピテンシーを問う試験であれば、必ずしもコンテンツについての知識がなくても、考え方さえ身についていれば、どの国の生徒でも同じように回答することができる。「ＰＩＳＡ型学力」という言葉が使われることがあるが、ＰＩＳＡは、様々なカリキュラムの下で学んでいる生徒の学力比較を可能にするために、従来の試験で主流だったコンテンツ主義を脱して、コンピテンシー主義に立脚したものなのである。キー・コンピテンシーは、その理論的根拠を提供するものであり、だからこそ、注目を集めたのである。

組み合わせと文脈

ＯＥＣＤによると、キー・コンピテンシーは以下のように定義されている。

知識、（認知的、メタ認知的、社会情動的、実用的）スキル、態度及び価値観を結集すること

を通して、特定の文脈における複雑な要求を十分に満たしていく能力
"the ability to successfully meet complex demands in a particular context through the mobilization of knowledge,（cognitive, metacognitive, socio-emotional and practical) skills, attitudes and values"

この短い文章を読んだだけでは、なかなか抽象的で理解しにくいのだが、実は、ここにはコンピテンシーの考え方を理解するうえで、重要な2つのポイントが示されている。

第一に、コンピテンシーとは、様々な要素の「組み合わせ」だという点である。英語では、"mobilization" と表現されているが、"mobilize" とは、「結集する」とか「組み合わせる」といった意味の言葉である。ここでは、コンピテンシーの要素として、知識、スキル、態度及び価値観という3つが挙げられているが、大切なのは、これらを単体で身につけているだけでは不十分であって、組み合わせて使っていくことが必要だということである。例えば、何かを知っている（知識がある）だけでは、具体的な問題解決にはつながらない。知識をもとにして、相手を説得したり、新しい解決策を見出《みいだ》していくことが不可欠なのである。

わかりやすい事例として、生活上の騒音トラブルの問題を挙げてみよう。日本では、生活面での騒音については、かなり配慮しながら生活していくことが一般的だが、外国では必ずしもそうではない。筆者がＯＥＣＤに勤務していた時代には、パリ市の15区という地区のアパルトマンで暮らしていたのだが、近隣でパーティが催されたり、ワールドカップでフランス代表の

試合があったりすると、深夜まで大騒ぎになって困ることも多かった。フランスでは、そうした騒音についてある程度社会的に許容されている部分もある。

ただ、日本ではそうはいかない。仮に、近隣に外国人が引っ越してきて、深夜まで騒音を出している場合には、問題を解決していかなければならない。その場合に、騒音に対してどこまで寛容なのか、という相手の文化的背景を知っていることは大事なことだろう。しかし、知識があるだけでは、問題解決につながらない。相手の文化的背景を知ったうえで、深夜の騒音は許容されないという日本における生活習慣を説明して、相手に納得してもらうことが必要になる。さらに、いくら日本では許容されないとしても、相手のことを頭ごなしに否定したり、いきなり怒鳴りつけたりしては、かえって問題解決から遠のいてしまう可能性もある。相手に対するリスペクト（敬意）の態度を示しながらも、自分の主張をはっきりと通していくことが必要である。

まさに、自分の知識、スキル、態度及び価値観を「組み合わせる（mobilize）」ことであり、これこそがコンピテンシーの発揮なのである。しばしば、「知識があるだけでは意味がない」と言われることがあるが、コンピテンシーの視点から言えば、自分の知識をスキルや態度・価値観と組み合わせて使うことができていないということである。

第二に、コンピテンシーの発揮においては、場面や文脈が決定的に重要であるという点である。上記のキー・コンピテンシーの定義でも、「特定の文脈における複雑な要求を十分に満たしていく能力」とされている。いかにコンピテンシーを発揮しようとしても、それが文脈に沿ったものでなければ意味がない。例えば、上述のマクレランドによる分析事例では、アメリカ国務省の情報担当職員の仕事がその舞台とされていた。しかし、例えば、優れた情報担当職員に見られるとされた「人間関係における相互の影響力や、それぞれの政治的立場を素早く理解する能力（政治的ネットワークを素早く学ぶ）」が、すべての職種で求められるわけではない。例えば、伝統工芸に携わる職人であれば、高度な工芸技術を身につけていたり、素材についての知識を持っていたりすることが重要であって、人間関係や政治的立場などに関する洞察力は、あまり重要ではないかもしれない。それぞれの文脈によって、求められる能力は大きく変わっていくのである。

2 「非認知能力」の重要性と落とし穴

認知能力と非認知能力

教育の世界で伝統的に重視されてきたのが、論理的思考力や批判的思考力、創造性などであり、これらは一般に「認知能力（cognitive skills）」として捉えられており、ペーパーテストなどで一定程度は測定できるものと考えられてきた。これに対し、近年注目されている言葉に「非認知能力（non-cognitive skills）」というものがある。前節で取り上げたアメリカ国務省の事例のように、ペーパーテストなどでは必ずしも測定しきれないが、実際に仕事をするうえで重要と考えられる能力が存在している。そうした能力としては、例えば、思いやりや共感性、リーダーシップ、自己統制、自己効力感など、様々なものが挙げられる。「非認知能力」とは、こうした多様な能力を総称する言葉として使われている。

この「非認知能力」という言葉が注目を集めるきっかけになったのが、ノーベル経済学賞を受賞したジェームズ・ヘックマンによる研究である。ヘックマンの研究のうち「非認知能力」に関するものの一つが、アメリカやカナダで行われているGED（General Educational Development）に関する分析である。GEDは、高校中退者を対象にした試験であり、日本の高等学校卒業程度認定試験に近い。ライティング、エッセイ、リーディング、数学、理科、社会についての試験が行われ、合格すると、高校卒業のディプロマが得られる。したがって、認知能力の面でみれば、高校卒業者とGED合格者の間には基本的な差異はないはずである。ところが、ヘックマンらの研究によると、GEDの合格者については、粘り強さや自尊感情、自己効力感などの「非認知能力」が低く、一方で、大学の中退率や離婚率が高く、また、飲酒や喫煙などのハイリスクな行動をとる傾向も高いという。こうした結果からは、GEDのように、認知能力だけに着目して評価を行うことの限界が改めて示唆されてくる。

もっとも、ヘックマンの研究成果をまつまでもなく、「非認知能力」が重要であることは、誰もが経験的・直感的にわかっていることである。いかに論理的思考力や批判的思考力、あるいは創造性がある人であっても、うまく人とのコミュニケーションがとれなかったり、他者に対する気配りや共感性がないと、一緒に仕事をしていくのは難しい。難関大学を卒業しているのに仕事ができない人、天才的なクリエーターなのにコミュニケーションに難があるという人は、まさに「認知能力」以外の部分に課題があるのだろう。実際、伝統的な大学入試にしても、司法試験や医師国家試験などの資格試験にしても、スポーツの大会にしても、あるいは音楽や美術のコンクールにしても、そもそも気配りや共感性、人格などの要素を直接審査しているわけではない。したがって、それらで優れた成果を出した人に非認知的な要素が欠けていたとしても、別段驚くべき結果でもないはずだ。

ただ、大学入試や資格試験にしても、スポーツ大会や芸術コンクールにしても、優れた成果を出すためには、粘り強さや自己抑制といったことは必要な要素だろう。例えば、誰しも目標以外の色々なことに気をとられがちだが、そうした中でも、自らを律して努力を続けていくことが求められる。その意味では、認知能力と「非認知能力」は必ずしも別個というものでもなく、両者が重なり合う部分も多分に存在すると考えられる。

一例を挙げると、スタンフォード大学のキャロル・ドゥエックが提唱している「成長志向のマインドセット（Growth mindset）」も、「非認知能力」の一つとして考えられている。ドゥエックによれば、自分の能力は伸びるという心構え（＝成長志向のマインドセット）を持っている人は、実際に能力が伸びる。一方で、自分の能力は固定的であるという心構え（＝固定的なマ

図表22　成長志向のマインドセットと読解力の関係性

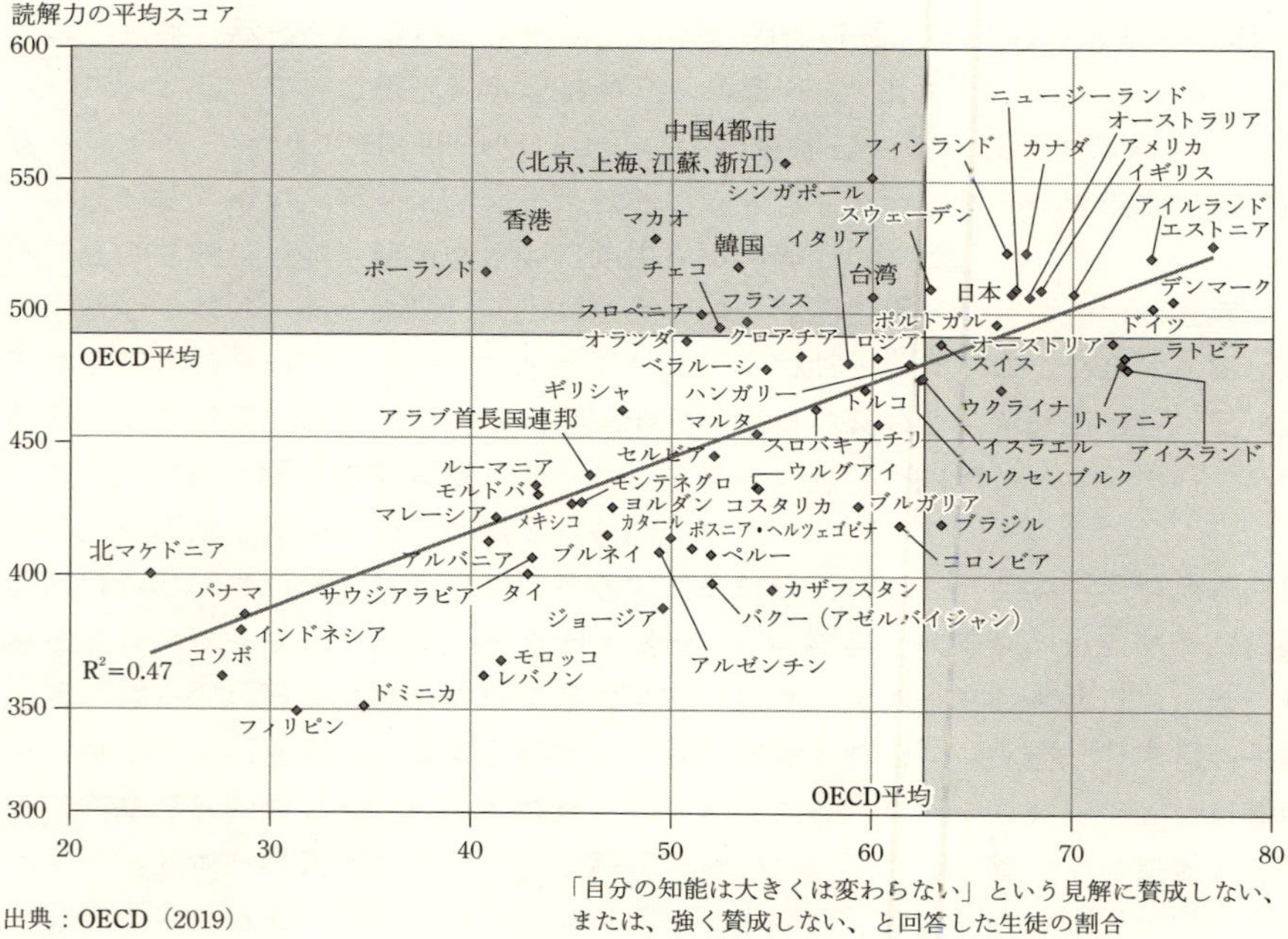

出典：OECD（2019）

インドセット（Fixed mindset））の人の場合には、伸びないという。図表22では、縦軸が各国ごとのＰＩＳＡの読解力のスコアを、横軸が自らの知能を伸ばすことができると考えている子供たちの割合を示している。この図からも、両者の間に正の相関関係が示されている。

おそらくは、「仕事ができる人」の多くは、認知能力だけでなく「非認知能力」も兼ね備えているのだろう。確かに、事務処理能力が高い、交渉力が優れている、プレゼンが上手といった人の多くは、コミュニケーションも上手だったり、気配りができたり、努力家だったりと、様々な面で優れている人が多いようにも思う。しかし、そもそも「非認知能力」自体が多様であるから、その重なり合いの程度も人によって異なってくる。

注目された理由と課題

こうした「非認知能力」が世界的に注目されている背景として、これらの能力が、特にヨーロッパを中心に、「新しい能力」として注目されてきたことがある。とりわけ、ヨーロッパでは、学校の役割と家庭の役割が峻別《しゅんべつ》されていて、人格形成は家庭が責任を持つと考える国も多い。そうした国では、「非認知能力」が、必ずしも学校で教えるべき対象とはされてこなかった場合もある。その意味では、「非認知能力」が、近年になって「発見」された「新しい能力」として受け止められるだけの背景があったとも言える。

一方で、日本や韓国、中国などのアジア諸国では伝統的に、教育において人格形成の側面も重視されてきた。例えば、「思いやり」は、日本では道徳や特別活動（特活）を中心に伝統的に重視されており、教育の世界では繰り返し登場する言葉である。そのため、今さら思いやりが「非認知能力」の一つだと言われても、逆に戸惑ってしまうかもしれない。その意味では、「非認知能力」を「新しい能力」として捉える国もあれば、日本や韓国、中国のように、伝統的な教育の延長線上にあるものとして捉える国もあるだろう。

そもそも、最近でこそ人口に膾炙《かいしゃ》してきているが、「非認知能力」という言葉は、漢字にすると何か違和感のある表現ではないだろうか。認知能力であれば、「認知すること」に関する能力であることは明確だが、「非認知能力」が「非認知すること」に関する能力と言われても、意味がわからない。それもそのはずで、認知能力が "cognitive skills" であるのに対して、「非認知能力」の原語である英語は "non-cognitive skills" であり、「認知以外の能力」という意味なのである。すなわち、「非認知能力」という特定の能力を積極的に定義するものではなく、認知能力以外の様々な能力をまとめて表現した言葉なのである。実際、思いやりや共感性のようなものから、好奇心、積極性、リーダーシップ、自己統制、自己効力感など、内容もまったく異なる雑多なものが含まれると考えられているようだ。結果的に、同じ「非認知能力」という言葉を使っていても、実は、その定義や外延は明らかではないし、論者によって具体的に想定する能力が異なる場合も多い。

また、「非認知能力」という言葉が登場したことで、新たな課題も生じているようだ。第1

節で述べたように、コンピテンシーは場面や文脈に依存する。例えば、認知能力の典型例とされる批判的思考力で考えると、社会課題について、批判的思考力を発揮することは大いに奨励される。しかし、夫婦間や友人同士での何気ない会話に対してまで批判的思考力を大いに発揮したら、人間関係が悪くなりかねない。

「非認知能力」もコンピテンシーの一環である以上、文脈が決定的に重要になってくる。問題は、そのことについての意識が十分でないままに、「非認知能力」の重要性だけが唱えられていることである。

例えば、「非認知能力」の例として、「リーダーシップ」を取り上げてみよう。リーダーシップも、もちろん大切な能力であるし、実際、リーダーシップが求められる場面も多い。しかし、例えば、グループで活動を行う際に、A君が既にリーダーとして決まっているにもかかわらず、B君がリーダーシップを発揮しようとするとしたら、どう評価すべきだろうか。その文脈でB君に求められるのはリーダーシップではなく、リーダーを支える能力としてのフォロワーシップである。もし、リーダーが別にいるにもかかわらず、自分がリーダーシップを発揮しようとするのであれば、それは文脈に適した行動とは言えないし、そうした行動をとろうとすること自体が、状況を客観的に判断したり、自らの役割を把握したりする力に欠けているとも言える。

もう一つ、「粘り強さ」についても考えてみたい。粘り強さももちろん大事だが、物事には限度がある。例えば、部活動での熱血指導は、場合によっては行き過ぎた指導として問題になり得る。厳しい練習を課し、ときには体罰も辞さないような指導をしている運動部があるとしよう。それでも粘り強く取り組んでいこうとしている生徒がいるとしたら、「粘り強さがあってよい」と肯定的に評価することはできないはずだ。むしろ、生徒自身も、そうした指導に対して批判的な目を向けなければいけないはずである。仮に、そうした状況であっても文句を言わずにただ耐えているだけだとしたら、粘り強いというより、批判的思考力が十分でないという場合も考えられる。

「非認知能力」にしても、認知能力にしても、とにかく能力を発揮すればよいというものではない。上述の事例のように、能力を発揮しない、あるいは、発揮し過ぎない方が望ましい場面も想定されるのである。むしろ、文脈に応じて、能力をどの程度発揮するかという「加減」や「塩梅《あんばい》」こそが重要であり、それを判断する力こそが、コンピテンシーの鍵となってくる。

3　能力を発揮する方向

非認知能力と価値観

「非認知能力」が注目を集めた理由の一つとして、これまでの教育が「認知能力」偏重だったということへのアンチテーゼとしての側面が大きかった。マクレランドの分析をまつまでもなく、勉強はできるのに、仕事ができない、コミュニケーションがとれないなど、これまでの教育では十分に評価されてこなかった重要な「何か」があることに、私たちは経験的に気づいていたはずだ。しかし、それを表す適当な言葉や概念がなかったところに「非認知能力」という言葉が現れたので、大きな期待が寄せられた。要は、誰もが漠然と感じていた部分を補う言葉として、非常にわかりやすかったのである。

ただ、認知能力であろうが非認知能力であろうが、重要なのは、能力をどの方向に向けて使うのか（あるいは、使わないか）ということである。例えば、詐欺師やテロリストを想定してみるとわかりやすい。彼らが個人的な思いや欲望を実現するために、人をだましたり、爆発物や毒薬を作る能力を存分に発揮していったりしたら、社会的に有害なのは明らかだ。その意味では、自らの能力をどの方向に使っていくべきかを判断することまでも含めて、広い意味で、私たちに求められる能力と考えるべきだろう。

しかしながら、上述のように、「非認知能力」は積極的な定義が難しいものであり、どこまでが外延なのかはっきりしないという問題がつきまとう。一般的には、「粘り強さ」や「リーダーシップ」のような要素が含まれると考えられているし、「思いやり」や「親切」、「リスペクト（敬意）」なども含まれると考えられている。ただ、例えば、「基本的人権の尊重」や「地球環境の保護」なども「非認知能力」の範疇《はんちゅう》に入るのだろうか。いくら「非認知能力」の外延が曖昧だとしても、これらを「非認知能力」の一環として位置付けるのは、やや奇妙な感じがする。

この点で参考になりそうなのが、ＯＥＣＤがEducation 2030で行っている議論である。ＯＥＣＤでは、「非認知能力」という言葉に代えて、「社会・情動的スキル」や「態度及び価値観」というカテゴリーを設定している。この区分からすれば、例えば、コミュニケーション力や協働性などは「社会・情動的スキル」に分類される一方で、他者へのリスペクト（敬意）や責任感などは「態度」に、また、「基本的人権の尊重」や「地球環境の保護」などは「価値観」として整理されるだろう。こうした態度や価値観が欠如していると、いかに知識やスキルがあるとしても、詐欺やテロ行為など他者の生命や財産をかえりみない行為をしたり、あるいは、河川に汚染物質を垂れ流すなど地球環境に有害な行為をしたりする可能性がある。

漠然と「非認知能力」という言葉を使ってしまうと、こうした態度や価値観に関する要素が「非認知能力」に含まれるのか含まれないのかが、曖昧になってしまう。しかし、自分が持っている知識やスキルを発揮していく方向性かどうかを決めるうえで決定的に重要になるのが、態度や価値観である。詐欺師などは、知識も豊富でコミュニケーション力が高い人も多いという。そうした能力が詐欺目的に発揮されては有害なのであり、社会にとって価値のある方向に能力が発揮されることが重要なのである。

態度・価値観と学校の役割

こうした態度や価値観は、近年、各国の教育においても重視されるようになっている。例えば、シンガポールでは、リスペクト（敬意）、責任感、粘り強さ、誠実さ、ケア、調和を重視しているし、オーストラリアも、正直、共感、誠実、責任感、リスペクトといった要素を掲げている。もちろん、日本でも道徳科を中心に、例えば、善悪の判断、自由と責任、正直・誠実、親切・思いやり、相互理解・寛容、生命の尊さなどを伝統的に大切にしてきている。

問題となるのは、こうした態度や価値観をどのように身につけていくかということであるが、実は、多様な考えを持つ生徒たちが集まる学校という場こそ、私たちの態度や価値観を研ぎ澄ますための絶好の場である。

もちろん、家庭の役割は大きい。例えば、嘘《うそ》をつかないで正直であることなど、社会生活においてすべきこと、してはいけないことを最初に教わるのは親からという人がほとんどだろう。しかし、残念ながらそうした家庭ばかりではないし、何より、世の中には単純に是非を判断できない問題も多数存在している。

例えば、電車に乗った際に、「お年寄りや体の不自由な人、妊婦さんなどには親切にして、席を譲りましょう」と言うことは簡単だ。しかし、実際には、自分もひどく疲れていたり、体調が悪かったりして、どうしても座りたいときもあるだろう。あるいは、地球環境の保護が大切だということはわかっていても、生活上の利便性を考えれば、大量のビニールやプラスティックの利用はすぐには止められない。実際、スーパーに行けば、生鮮品を含めて、ほとんどの商品がプラスティック製の袋やトレイ、ラップなどを使って売られていて、それらを買わないわけにもいかない。世の中には、単純にどちらかが正しいといった判断を出すことができないケースの方が多いのだが、そういった場合にどう振る舞うべきかについては、正解がない。だからこそ、私たちはそうした矛盾や相克を乗り越えていくための訓練を積んでいかなければならないが、学校では、そうした具体的な議論を通じて学ぶことができるのである。

かねて、日本の学校は同質性が高いと言われてきた。しかし、例えば多民族社会であるアメリカにおいても、同じ人種の生徒たちが同じ学校に集まる傾向があるようだ。アメリカの国立教育統計センターの調査によると、白人生徒の42％、ヒスパニック系生徒の35％が、大多数（生徒の4分の3以上）が同一人種で構成される学校に通っているという。またアメリカの場合には、居住地域によって社会経済状況が大きく異なることが一般的である。富裕層が集まる地域の学校に通う生徒は、ほぼ間違いなく富裕な家庭の出身になるし、逆も同様である。

その意味では、日本の子供たちについては、特に公立の小中学校の場合には、同じ学校に通っていても、家庭の社会経済状況は多様だし、価値観も様々であるはずだ。さらに、序章でも触れたように、日本の学校も急速に多様化・国際化していて、クラスの半数以上が外国籍や外国にルーツのある子供たち、という学校も現れてきている。先生の話を聞いたり、クラスメイトと一緒に学校生活を送っていく中で、それまで、それぞれの地域や家庭では当たり前だと思っていたことが、実は当たり前でないことにも気づくかもしれない。そこに学校教育の重要な意義があるし、その意義はますます大きくなってきている。

第四章　「探究」の再検討

1　「総合的な学習の時間」の導入

「探究ブーム」の陰で

この数年、「探究」という言葉が注目を集めている。探究を学校の改革方針に据えている学校は数多くあるし、探究科や探究コースなど、特別な学科やコースを設ける動きも見られる。こうした動きに呼応するように、大学側でも伝統的な教科中心の入試とは異なる探究型入試の導入が相次いでいる。さらに、これまで各教科の受験対策に特化していた塾や予備校までもが、いまや「探究」を前面に掲げるようになっている。いわば、「探究ブーム」が到来していると言っても過言ではないだろう。

もっとも、教育の世界では、「探究」は決して新しい言葉ではない。１９９８年・１９９９年に改訂された学習指導要領で設けられた「総合的な学習の時間」は、探究的な活動を行う場として意図されていた。また、２００８年・２００９年の学習指導要領改訂でも、「総合的な学習の時間」は、「習得・活用・探究」という学習のプロセスの特に「探究」を担うものとして位置付けられていた。ところが、そんな「探究」が、ここに来てにわかに脚光を浴びている。

その背景の一つには、２０１７年・２０１８年に改訂された学習指導要領が、改めて探究を重視しているということがある。とりわけ高等学校では、従来の「総合的な学習の時間」が「総合的な探究の時間」へと衣替えされたほか、新たに「日本史探究」や「古典探究」、「理数探究」など「探究」を冠する科目が導入された。

ただ、探究という概念が注目を集めているのは、それだけが理由ではなさそうだ。「探究」という言葉には、何か従来の教育に漂う閉塞感を打ち破ってくれるような期待感が感じられる。実際、「探究ブーム」とでも言える動きに対して、「もっと探究を進めるべきだ」という声は各方面から聞こえてくる一方で、探究に対して懐疑的な意見はほとんど聞こえてこない。「探究」という言葉を掲げるだけで、すべてが肯定されそうな勢いすらあるのだ。

しかし、そもそも「探究」が何かということについて、十分に理解されているのだろうか。「探究」に期待感が寄せられるのはよいが、いざ蓋を開けてみたら、自分が期待していたものとは全く違う結果になっていた、ということにもなりかねない。

筆者が都内のある中学校を訪れたときのことだ。その学校では、生徒一人一人がそれぞれのテーマを設定して「探究」に力を入れて取り組んでいるということだった。お茶が好きだという生徒はお茶の産地や製法について、お城が好きだという生徒は石垣の工法から城の縄張りまで、確かに大変詳しく調べていた。そして、生徒たちは口々に、「探究の授業は楽しいです」と語っていたのだが、こうした活動は、本当に探究と呼べるのだろうか。

イギリスの教育学者マイケル・ヤングは、学校教育の役割は、家庭生活の中では通常学ぶことができない専門的でアップデートされた知識（ヤングは、そうした知識を「パワフルな知識（powerful knowledge）」と呼んでいる）を身につけることにあると指摘している。確かに、数学にしても、社会科にしても、家庭の日常生活だけで学んでいくことは難しい。もちろん、親の職業によっては、教師よりも詳しい場合もあるだろう。例えば、銀行や証券会社に勤めている親であれば、金融や経済の実態については社会科の教師よりも詳しいということは当然あり得る。しかし、多くの場合、それは実務を通じて得た知識であって、必ずしも体系的に学んだものではない。また、大学や大学院で学んだことがあるとしても、時代の変化や新しい研究成果などによって定説が変わってしまっていることも多い。そこに、教師の重要な存在意義がある。教師は子供たちの発達段階に応じた指導についての専門性を身につけているとともに、日々の教材研究や各種の研修などを通じて、各教科が扱う領域の全体について、常に新しい知見をアップデートし続けているのである。アップデートが必要だからこそ、各国が教師の研修や職能開発を重視しているのだ。

上述の中学校の例に戻ると、子供たちは、自分が関心を持っているお茶やお城といったテーマについて調べているのだから、熱心に取り組むのも当然である。数学や英語などの授業では眠たそうにしていた子供たちが、「探究」の授業になると目をキラキラさせて取り組んでいる。確かに、そこには何か新しい可能性があるように感じられるかもしれない。しかし、より根源的な問題は、こうした授業を通じて、子供たちは何を学ぶのかということである。教師は、お茶や城郭というテーマについての専門家ではないから、詳しくない方が普通である。こうしたテーマを取り上げた子供たちに対して、教師にはどのような役割が期待されているかを考えなければならないはずだ。教師に期待される役割がないのであれば、そもそも学校で扱う必要はない。本当に好きなことなら、放課後や休日に家で取り組んでもよいはずである。

日本での導入

『広辞苑』によると、「探究」とは「物事の真の姿をさぐって見きわめること」とされている。定義からすれば、本来は、数学や理科などの伝統的教科において用いられてもおかしくないし、むしろ、使われるべき言葉でもある。ところが、日本での「探究」は、生徒主導型で、自由度が高い学習といったニュアンスで理解されていることが多いようだ。すなわち、「探究」が、教師主導型で、自由度が少なかった伝統的な教育に対するアンチテーゼとして認識されているとも言える。だからこそ、上述のように「探究ブーム」とも言えるほど期待感が高まっているのだろう。

日本で「探究」がこのように理解されるきっかけとなったのが、上述の「総合的な学習の時間」の導入である。総合的な学習の時間が導入されたのは、1998年・1999年の学習指導要領改訂によってである。この改訂に際しては、完全週5日制の導入に踏み切るとともに、学習内容を「3割削減」するなど「ゆとり」を重視したものだったことから、一般に「ゆとり教育」と呼ばれている。当時、『分数ができない大学生』という本が注目されるなど、国内で学力低下が生じているのではないかという論争が起きていたが、その後、2003年、2006年に行われたPISAの結果が連続してふるわず、いわゆる「PISAショック」が起きたこともあって、このときの学習指導要領改訂は全体として批判的に見られることが多い。

しかし、この学習指導要領改訂では、いくつかの新しい取り組みも行われており、その一つが、「総合的な学習の時間」の導入であった。総合的な学習の時間については、実際に授業を受けた経験がない方も多いだろう。そのため、どのような授業かイメージしづらいかもしれないが、伝統的な教科である数学や国語などと根本的に異なるのが、授業デザインについて、各学校や教師に委ねられる裁量が圧倒的に大きいということである。

例えば、サツマイモの栽培が盛んな地域では「サツマイモの生産から消費まで」をテーマに一年かけて学んだり、津波や洪水が心配される地域では「地域の防災計画」をテーマにしたりと、それぞれの地域の実情や子供たちの興味・関心に応じたカリキュラム設計が可能になっている。また、教科の区分けも存在しないため、例えば、「地球温暖化問題」や「河川敷の外来植物」、「郷土の伝統文化」といった切り口から、理科や社会科、家庭科に関することなどを教科横断的に考えることもできる。クラス全体で共通テーマを取り上げてグループ学習で学んでいくことが多いようだが、上述の中学校の例のように、一人一人が異なる学習に取り組むケースも増えてきている。

総合的な学習の時間が導入された背景にあったのは、各教科の学習が、実社会の課題と乖離してしまっているという問題意識である。例えば、数学で学ぶ三角比の考え方は、実際には建築や測量などでは頻繁に使われている。しかし、多くの生徒にとっては、そうした実社会における利用とは切り離されたパズルのようになってしまっていて、なぜそれらの概念を学ぶのかを実感しづらい。また、環境や過疎化に関する問題など、実社会で起きている事象の多くは、様々な教科で学ぶことが関わりあっていることが多い。そこで、総合的な学習の時間を導入することによって、従来の教科中心の教育の弱点を解消しようとしたのである。

総合的な学習の時間の導入の背景となった国の審議会の報告書は、その目的について以下のように述べている。

「総合的な学習の時間」のねらいは、各学校の創意工夫を生かした横断的・総合的な学習や児童生徒の興味・関心等に基づく学習などを通じて、自ら課題を見つけ、自ら学び、自ら考え、主体的に判断し、よりよく問題を解決する資質や能力を育てることである。また、情報の集め方、調べ方、まとめ方、報告や発表・討論の仕方などの学び方やものの考え方を身に付けること、問題の解決や探究活動に主体的、創造的に取り組む態度を育成すること、自己の生き方についての自覚を深めることも大きなねらいの一つとしてあげられよう。

これらを通じて、各教科等それぞれで身に付けられた知識や技能などが相互に関連付けられ、深められ児童生徒の中で総合的に働くようになるものと考える。（教育課程審議会、1998）

この報告書をよく読むと、「横断的・総合的」「自ら課題を見つけ」「よりよく問題を解決する」、「情報の集め方、調べ方、まとめ方、報告や発表・討論の仕方」といったキーワードが盛り込まれていることに気づくが、これらは、最近の「探究」に期待されている要素と重なるものだろう。

「総合的な学習の時間」を導入した目的が、昨今の「探究」と重なるとして、それでは、授業の中心を占める国語や算数などの伝統的な教科においては、「探究」は行われないということなのだろうか。この点については、2008年に出された中央教育審議会の報告書が参考になるので、一部を抜粋してみよう。

今回の改訂においては、各学校で子どもたちの思考力・判断力・表現力等を確実にはぐくむために、まず、各教科の指導の中で、基礎的・基本的な知識・技能の習得とともに、観察・実験やレポートの作成、論述といったそれぞれの教科の知識・技能を活用する学習活動を充実させることを重視する必要がある。各教科におけるこのような取組があってこそ総合的な学習の時間における教科等を横断した課題解決的な学習や探究的な活動も充実するし、各教科の知識・技能の確実な定着にも結び付く。このように、各教科での習得や活用と総合的な学習の時間を中心とした探究は、決して一つの方向で進むだけではなく、例えば、知識・技能の活用や探究がその習得を促進するなど、相互に関連し合って力を伸ばしていくものである。（中央教育審議会、２００８）

この報告書は、実に慎重に書かれており、これをどう読み解くかは難しい。やや乱暴に解釈すれば、各教科では「習得・活用」という基礎的な部分を行い、総合的な学習の時間では「探究」を行うという役割分担を示しているようにも見える。実際、昨今の日本での「探究」の理解の多くは、その延長線上にある。教科においては「習得・活用」を行い、「探究」を行うのは総合的な学習の時間である、といった二項対立的な理解が広がっている。その結果として、「探究」イコール総合的な学習の時間と捉えられている場合すらある。

しかし、後述するように、そのような「探究」についての理解は、諸外国と比べてもかなり特異である。諸外国ではむしろ、教科においても積極的に探究すべき、という考えが示されているが、これについいは次項から見ていきたい。

アメリカでの「リンゴ」の学習例

上述のような趣旨で導入された「総合的な学習の時間」だったが、折しも、国内では学力低下論争が盛んになったり、「PISAショック」が発生したりした。そうした中では、総合的な学習の時間のねらいとされた「自ら課題を見つけ」たり、「よりよく問題を解決する」といった、やや抽象的で測定が困難な学力よりも、PISAのスコア（実際に着目されたのは、スコアよりもランキングだったが）という形で測定可能な、読解力や数学など、教科を中心としたわかりやすい学力の育成を優先すべきだという声が上がったのは、ある意味自然な流れだったとも言える。

また、総合的な学習の時間が、学校現場で円滑に実施されるうえでも課題があった。算数や国語などの伝統的な教科であれば、教師自身も授業を受けた経験があるし、大学の教職課程の授業や教育実習でも学ぶ機会がある。また、教師になってからも様々な研修があるし、教科書や教師用の指導書なども充実しているので、ある程度具体的なイメージを持って授業を行うことができる。それが、教科書も存在しない総合的な学習の時間が突如として導入されたことによって、教師の中にも、そもそもどのように授業を行っていったらよいか戸惑いもあっただろう。

結局、「探究」について十分に理解していないと、せっかくの総合的な学習の時間も、何となく色々な活動をして終わり、ということになってしまうおそれもある。活動だけが先行してしまう状況については、教育の世界では、伝統的に「活動あって学びなし」という言葉を用いて批判されてきた。

参考になる事例として、アメリカにおける「リンゴ」をテーマにした学習の例を紹介しよう。この事例は、子供たちの学習評価について世界的に定評のあるグラント・ウィギンズとジェイ・マクタイによる『理解をもたらすカリキュラム設計』という本の中で紹介されているものである。

テーマであるリンゴは、次のような形で小学校3年生の各教科で取り上げられている。

国語：リンゴの種を植えてまわったというアメリカの伝説の開拓者ジョニー・アップルシードの物語や映画を見たり、リンゴに関する創作物語を書いたりする。

数学：所定の分量のリンゴソースを作るために、レシピの材料を定率で倍にする方法について学ぶ。

理科：違うタイプのリンゴの特徴を観察して描く。

美術：リンゴの木から葉を集めて、コラージュを作成する。

音楽：リンゴの歌について学ぶ。

学校行事：リンゴ農園への遠足、リンゴ祭りの開催（リンゴソースづくり、リンゴの言葉探しコンテスト、リンゴとり競争、リンゴに関連する数学の文章題等）を実施する。

確かに、リンゴを切り口にして、子供たちは多くのことを学ぶことができそうであるし、アメリカの子供たちが楽しそうに授業に取り組んでいる様子も目に浮かぶようだ。この一連のカリキュラムを経験すれば、子供たちのリンゴを見る目も一段違ったものになるだろう。しかし、著者であるウィギンズとマクタイは、この事例について次のように評価している。

このような単元は、しばしば児童にとって魅力的なものである。この事例にあるように、そういった単元は、おそらくは、あるテーマを中心に構成され、学際的な関連性を提供するものだろう。……しかし、このような学業の価値はどうなのかという問題が残っている。

問題は、このリンゴに関する学習の「学業の価値」そのものが疑問視されているということなのである。別の言い方をすれば、この学習を通じて何を学ぶのか、どんな力が身につくのかが明らかでないと言ってもよいだろう。まさに、せっかく手間暇をかけて「探究」の授業をデザインしたとしても、一歩間違えたら、「活動あって学びなし」となってしまう。現在、各地で活発に行われている「探究」だが、ひょっとして、このリンゴの学習のようになってしまっていることはないだろうか。そこには「学業の価値」を見出すことができるか、が問われているのだ。

外国における「探究」の理解

ここで他の国にも目を向けてみよう。「探究」に相当する英語として理解されているのが、"Inquiry-based Learning（ＩＢＬ）"である。もちろん、諸外国においてもＩＢＬは注目されてはいるのだが、どちらかと言えば教育関係者による専門用語として使われており、日本における「探究」のように、誰もが口をそろえて言うほど広まっているものではない。

また、日本における「探究」は「総合的な学習の時間」と強く結びついていることから、そこで取り上げることがらの多くは、例えば、「地域の外来植物」や「地元の商店街の活性化」など、必然的に実社会・実生活に関連した教科横断的なものが多く、こうしたテーマを取り上げることが「探究」として理解されていることが多い。一方で、諸外国におけるＩＢＬは、必ずしも教科横断的なものを指しているわけではなく、むしろ、数学や理科などの伝統的な教科の中で行われるものと解されていることが多い。

ちなみに、日本では「探究」という言葉が注目を集めているが、そもそも、英語で「探究」という言葉にピッタリと合致する言葉は見つからない。一般に、日本での「探究」に最も近い言葉として考えられているのが、上述のＩＢＬなのだが、よくよく定義を確認してみると、日本で言われている「探究」とは少しニュアンスが異なりそうである。例えば、オーストラリア教育省は、ＩＢＬについて以下のように述べている。

ＩＢＬとは、調査や問題解決に焦点を当てた教育方法である。ＩＢＬは、伝統的な学習と異なって、学習の順序が逆になったものである。情報や答えを提示する代わりに、教師は生徒を導いていくために、いくつかのシナリオや質問、問題を提示することから始める。ＩＢＬは批判的・創造的思考を必要とするような問題を優先する。これにより、生徒は質問をしたり、調査を設計したり、エビデンスを解釈したり、説明や議論を構築したり、発見について情報発信する能力を発達させていくことができる。（オーストラリア教育省ホームページ）

これが「探究」だと言われれば、「なるほど、そういうものか」と思うかもしれない。しかし、この説明をもって、「アクティブ・ラーニング」の説明だと言われても、それほど違和感はないだろう。

そうなると、「探究」とアクティブ・ラーニングは同じ意味ということになるのだろうか。既に言葉の定義だけで混乱しそうだが、類似の言葉だけでも、例えば、

・探究型学習（ＩＢＬ：inquiry-based learning）
・プロジェクト型学習（project-based learning）

・問題ベースの学習（problem-based learning）
・アクティブ・ラーニング（active learning）
・教科横断的な学習（interdisciplinary learning）
・真正の学び（authentic learning）

といった言葉が使われている。さらに言えば、これらの言葉も、主として学習の方法に関するもの（IBL、アクティブ・ラーニング、プロジェクト型学習）から、学習の内容に関するもの（真正の学び、教科横断的な学習）まで、必ずしも同一の次元で捉えられるものではない。例えば、アクティブ・ラーニングで教科横断的な学習を行ったり、アクティブ・ラーニングでプロジェクト型学習を行ったりすることもあり得る。すなわち、これらの概念は必ずしも相互排他的ではなく、複数の概念が混在することも十分あり得るということである。ニュージーランドの教育学者レイチェル・スプロンケン＝スミスらは、IBLの周辺概念であるアクティブ・ラーニングと問題ベースの学習（problem-based learning）、そしてIBLの関係について、図表23のように整理している。それぞれの概念が重なり合っているということを示しており、IBLがどう理解されているかを示す例として示唆的である。

ひるがえって、日本における「探究」は、こうした異なる意味を厳密に区別せずに使われているため、多義的なものになっている。実は、この多義性こそが「探究」が多くの人に魅力的

図表23　IBL、問題ベースの学習、アクティブ・ラーニングの関係

出典：Sproken-Smith et al.（2008）

に映る理由であり、同時に最大の弱点にもなり得る。すなわち、「探究」という言葉さえ出せば、アクティブ・ラーニングでも、教科横断的な学習でも、プロジェクト型学習でも、誰もが自分が興味・関心があることに合わせて「探究」を都合よく解釈することができるのであり、いわば「マジック・ワード」として機能し得るのである。だからこそ、諸外国と比べて、日本での「探究」への注目度が奇妙なほど高くなっているとも言える。

2　前提としての方法論

「探究」についての共通認識

探究について考える際に、やはり避けて通れないのは、その定義をどう捉えるかである。幸いにして私自身、色々な学校を訪問する機会があるが、その中には「探究」に力を入れているという学校も多い。

そこで、まずは生徒たち自身に「探究」をどう捉えているのか聞くことから始めてみることにした。

その結果だが、どの学校でも子供たちの回答に大きな差は見られなかった。具体的には、①教科横断的な学習、②解が一つでない（オープンエンドな）学習、③実社会・実生活上の問題を扱う学習、④自分で課題を設定する学習、という4つの類型に収斂《しゅうれん》していったのである。

それでは、これらの回答は探究の性格を十分に捉えていると言えるだろうか。結論から言えば、これらの①～④の条件を満たしているからと言って、「探究」だと言い切ることはできない。例えば、「今日の晩御飯は何にしようか」という課題は、多くの家庭を日々悩ましている「実社会・実生活上の課題」であるし、正解が一つに決まっているわけではないから「オープンエンド」でもある。また、栄養バランスや調理の仕方はもちろん、予算や盛り付けの美しさなど様々な観点が関わるので「教科横断的」でもあるし、疲労回復に効果的な料理など、「自分で課題を設定」することもできる。

少なくとも、前述の①～④の条件だけでは、「探究」と呼ぶには明らかに何かが足りないことが見えてくる。それでは、そこに不足しているのはどんな要素だろうか。

ここでもう一度、探究についての国の解釈を確認しておこう。文部科学省が示している学習指導要領の解説によると、「総合的な学習の時間」に行われる探究は、「①課題の設定→②情報の収集→③整理・分析→④まとめ・表現」という一連の学習過程を想定しているという（図表

図表24　探究的な学習における児童の学習の姿

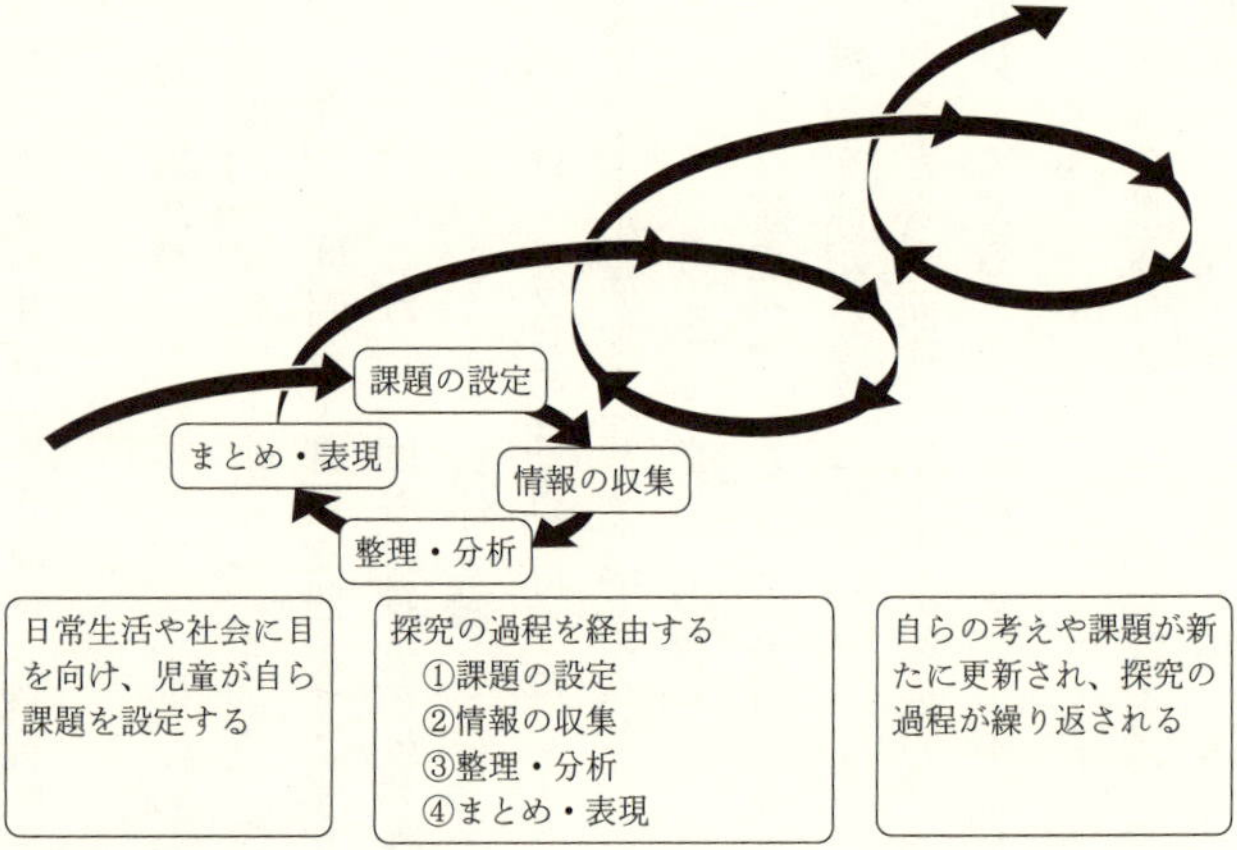

出典：文部科学省（2017）

24)。

ここで注目したいのは、子供たちによる「探究」の理解が、「教科横断的」や「実生活・実社会との関連性」など、探究の題材やテーマに着目した捉え方だったのに対して、文部科学省は異なった視点から定義しているということである。すなわち、ここで焦点となっているのは、題材やテーマがどのようなものかということではなく、探究のプロセスが回っているかどうか、ということである。つまり、「子供たちが、探究の方法論を身につけているか」という点を重視していると言ってよい。

実は、探究をこのように方法論として捉える考え方は、国際的にはより一般的なようだ。代表的な例として、アメリカの国立科学アカデミーによる「科学的探究（"scientific inquiry"）」の定義について紹介したい。

科学的探究とは、科学者が自然界を研究し、その成果から得られたエビデンスに基づいて仮説を提唱する多様な方策のことである。

探究は多面的な活動であり、

・観察すること
・質問をすること
・既知のことがらを知るために書物などのリソースを調べること
・研究を計画すること
・実験の結果に照らして既知のことがらを見直すこと
・データを集め、分析し、解釈するために道具を使うこと
・解や説明、予測を提案すること
・実験の結果を伝えること

などを含むものである。(National Research Council, 1996)

この「科学的探究」についての考え方は、科学的な探究を行うにあたって、どのようにアプローチするべきか、ということを論じており、まさしく方法論について述べている。この「科

学的探究」の定義と比較すると、「教科横断的」、「実生活・実社会上の課題」に取り組むことというだけでは、「探究」についての理解が表面的なものであることが浮き彫りになってくるだろう。

実は、アメリカの国立科学アカデミーのレポートでも、「実践的な科学の活動を行ったからといって、必ずしも探究が行われるわけではない」として、形式的な探究に陥ることへの警鐘を鳴らしている。これは、第1節で紹介した「リンゴの学習」に関するウィギンズらの指摘と同じだ。題材やテーマだけにとらわれてしまい、肝心の「方法論」が抜けてしまっては、「探究」とは呼べないのだ。「実社会・実生活上の課題」であるとか「自分で課題を設定する」といったことよりも、もっと本質的なことが見えてくる。

4つのレベル

「探究」について、さらに理解を深めるために、別の事例を紹介しよう。図表25は、アメリカの理科教育の研究者らによる探究に関する提案である。ここでは、「探究」を以下の4つのレベルに分けることが提案されている。具体的には、①確認のための探究（confirmation inquiry）、②構造化された探究（structured inquiry）、③指導された探究（guided inquiry）、④オープンな探究（open inquiry）の4つである。

これらの4つのレベルの違いは、教師からどれだけの情報が与えられるのか、というところ

図表25　「探究」の４つのレベル

「探究」のレベル	問い	手続	解法
１．確認のための探究（confirmation inquiry） 前もって結果が分かっている場合に、活動を通じて原理を確認する	✓	✓	✓
２．構造化された探究（structured inquiry） 与えられた手続きにしたがって、教師が示した問いについて実験する	✓	✓	
３．指導された探究（guided inquiry） 生徒が自分でデザインまたは選択した手続を用いて、教師が示した問いについて実験する	✓		
４．オープンな探究（open inquiry） 生徒が自分でデザインまたは選択した手続を用いて、生徒自らが立てた問いについて調査する			

出典：Banchi & Bell（2008）

にある。裏返して言えば、生徒がどこまで自分たちで考えるべきか、ということでもある。

レベル１の「確認のための探究」では、問い、手続、解法とともに教師から与えられている。具体的には、既知のことがらを確認したり、実際に特定の実験を行う経験を生徒に積ませたりすることに意義がある。日本で言えば、伝統的な理科の実験の多くは、教科書に書いてある答えを確認するものが多い。例えば、小学校６年生で学ぶ水溶液の性質について、リトマス試験紙を使って水溶液が酸性か、アルカリ性か、あるいは中性かを判別することができることを学ぶが、教科書にはその結果があらかじめ書かれている。すなわち、授業では、教科書に書かれていることを実際に再現してみることになるのだが、そうした伝統的な理科の実験も、ここでは「探究」の一環として位置付けられているのである。

レベル２の「構造化された探究」になると、教師から問いや手続は与えられるが、自分たちでエビデンスを集めて、それを基に解法を考えることが求められる。例えば、教師が色々な羽の長さの紙飛行機を作って飛ばして、その滞空時間を観察するように指導する。すると、「羽が長いほど、滞空時間も長い」ということがわかってくるのだが、レベル2の段階では、生徒たちには、その事実を、実験結果に基づいて科学的に説明していくことが求められる。

レベル3の「指導された探究」になると、教師から与えられるのは問いだけになる。例えば、教師は、水槽と普通のソーダとダイエット・ソーダという2種類の飲料缶を用意して、2種類の缶を水槽に入れたら何が起こるかを予測するように生徒たちに問いかける。すると、（多くの生徒にとって驚きの結果になるようだが）普通のソーダ缶が沈む一方で、ダイエット・ソーダの缶は水面に浮かび上がってくる。ある教室の事例では、「水槽の水に塩を入れたらどうか」といった提案が出るなど、色々模索しているうちに、2つの缶の体積は同じであっても質量が違うこと、そして、質量の違いには、密度が関係していることを理解するようになる。このように、レベル3の探究では、生徒は自分たち自身で考えなければいけないし、当然、それができるだけの学習経験を積んでおかなければならない。

そして、レベル4が「オープンな探究」である。レベル3で紹介した例を用いると、それまでに学んだ質量や密度、体積に関する考え方を生かしながら、例えば、オレンジ、コイン、木材、粘土など、何でも好きなものを水槽に入れて、どんな動きをするのかを予測していく。そして、実験結果に基づいて考察し、科学的に説明していくことが求められる。

　この4段階の探究の考え方を踏まえると、日本で行われている探究についての重要な示唆が見えてくる。

　第一に、ここで紹介された一連の探究が、理科という教科の中で自然に取り上げられていることである。上述のように、日本での探究は、「総合的な学習の時間」と同義的に捉えられている場合もあるが、ここでの探究はむしろ、教科の中で積極的に行うべきものとされているのである。

　第二に、ここでは、レベル1の「確認のための探究」についても、探究の一環として位置付けられていることである。「教科書に書いてあることをなぞるだけの実験の、一体どこが探究なのか」と思われた方もいるだろう。しかし、探究を方法論という視点から理解すれば、それが「教科横断的」であるかとか、「オープンエンド」であるかといったことは、問題の本質ではない。むしろ、より高度な探究を行っていくためには、まずは基本的な原理や実験の仕方、記録の取り方などをしっかりと学ぶことが必要であり、それゆえに教科における基礎的な学習も、探究の重要なプロセスとして認識されているのである。

　第三に、レベル1～3の経験なしに、いきなりレベル4に飛躍しても、意味のある学習にはつながらないということである。上記のレベル4の事例を見ても、前提となる学習なしに、いきなり水槽の中に果物や木材を投げ込んだところで、ほとんど意味はない。中には考察を深め

図表26　「探究」の課題と理想

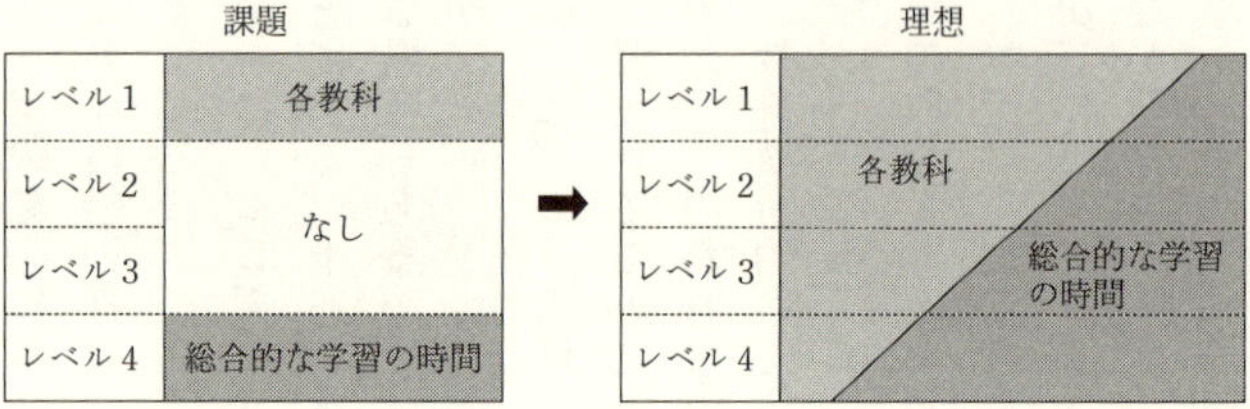

出典：Banch & Bell（2008）を参考に筆者作成

ることができる生徒もいるかもしれないが、前提となる学習がなければ、多くの生徒は、様々な素材が浮かんだり沈んだりする姿を見ても、どのように考えたらよいか戸惑うことだろう。探究を行うためには、レベル1～3の経験を積んで、自ら実験をデザインしたり、記録したり、得られたエビデンスから科学的な結論を導き出せるようになることが必要である。

ここで最近の日本で行われている「探究」を振り返ると、図表26の左側「課題」のように、各教科と総合的な学習（探究）の時間が分断されているように感じることがある。つまり、理科などの各教科での学習はレベル1（確認のための探究）にとどまり、レベル2（構造化された探究）やレベル3（指導された探究）、ましてレベル4（オープンな探究）に至ることはほとんどない。結果的に、各教科では教科書に書いてあることを繰り返すような学習が多くなり、子供たちにとっても退屈なものになってしまう。一方で、総合的な学習の時間では、各教科でのレベル2やレベル3の学習の積み上げがないままに、いきなりレベル4（オープンな探究）に入ることになる。そのため、方法論が欠落し、「活動あって学びなし」の状態になってしまう。

望ましいのは、図表26の右側「理想」である。各教科で、レベル1のような基礎的な部分を学ぶのは当然である。しかし、それにとどまらず、レベル2やレベル3、場合によってはレベル4の探究まで行うのである。そうすることで、各教科と総合的な学習の時間が、自然な形でつながってくる。一方、総合的な学習の時間では、相対的にレベル3やレベル4の学習が多くなるかもしれないが、必要に応じて、各教科で学んだレベル1や2の学習に戻ることもあり得るだろう。

例えば、総合的な学習の時間で「地域における洪水対策」を取り上げる場合、理科で学ぶ流れる水のはたらきや、社会科で学ぶ市役所や警察、消防などの公的機関の役割について、より具体的な文脈を踏まえて理解できるだろう。そもそも、各教科と総合的な学習の時間は、それぞれが分断したものではないはずだ。お互いに往還しあうことで、相乗効果を発揮していくことが期待される。

図表26を参考にして考えると、前節で紹介した２００８年の中央教育審議会の答申（１３０頁）の記述も、違って見えてくる。「習得・活用は各教科で行い、探究は総合的な学習の時間で行う」とするような二項対立的な解釈は、そもそも図表26左側の「課題」を前提としたものだったと言える。しかし、中教審答申の本来の趣旨は、図表26右側の「理想」が示すように、探究のレベルごとの強弱はあるとしても、各教科と総合的な学習時間が相補的に機能すること

を期待していた、と解することができるのではないだろうか。

文部科学省が示す「探究」の考え方やアメリカの国立科学アカデミーによる「科学的探究」の提案、また、探究の「4つのレベル」の提案も、探究に関する方法論を意識しているということで共通している。

「探究」と倫理・道徳

ところで、探究を深めていくうえでは、もう一つ重要な視点がある。それが、倫理・道徳に関する問題である。倫理・道徳の問題には、方法論の一環としての側面もある。大学生が、論文やレポートをネット上の文章から「コピペ」するなどの問題はしばしば聞かれるが、データや研究結果の捏造《ねつぞう》や改竄《かいざん》、他者のデータや論文の盗用といった研究不正行為は、学術の世界においては許されないことである。初等中等教育において「探究」を進めるうえでも、年齢や学年に応じた配慮は必要だとしても、そうしたことがないように指導していかなければならない。

また、生命倫理に関する実験、他者の論文を引用する場合の適切な参照方法、著作権を含めた人権に関する理解、プライバシーの尊重や公序良俗に反しないことなど、学問として「探究」を行う以上、そこには一定のルールがある。探究を行う生徒自身の責任も、これまで以上に問われるようになってくる。

こうした倫理・道徳に関する問題は、「探究」を進めるうえでの学問的な方法論に限ったことではない。例えば、生徒が人種差別やジェンダー、LGBT、同和問題などのテーマを取り上げる際には、個人情報やプライバシーなどへの配慮が必要なことは当然である。また、自分で自由に課題を設定する場合でも、例えば、「苦しまずに自殺する方法」、「殺傷力の高い武器について」といったテーマに関する探究を行おうとしているような場合には、倫理的に問題がある。「探究」の名の下に、どのようなテーマであっても、まったく自由な活動が許容されるわけではないのは当然である。生徒が適切な判断ができるような指導の積み上げが必要となるし、何よりも、「探究」に取り組む生徒自身の責任についても、併せて学んでいくことが必要である。

3　成功するための条件

さて、本章の最後に考えたいのは、探究を成功させるために必要な条件についてである。探究を進めていくためには、当然、一定の時間を費やして、テーマに向き合うことが必要になる。一方では、前節でも見たように、各教科で学ぶ基礎の積み上げなしに探究を進めていくことも難しい。こうした矛盾とも言える状況を、どのように調和させていくのかは大きな課題である。

シンガポールが成功している理由

そこで、探究を重視しながら、PISAのスコアでも事実上世界一の好成績を維持しているシンガポールの事例（第一章参照）を参考に考えていきたい。

既に述べたように、シンガポールの教育政策については、一見、日本の「ゆとり教育」と同じような政策を導入している。それも、日本から遅れること数年という近い時期に、同じような政策を導入しているのだが、その後、日本は「PISAショック」を経験した一方で、シンガポールは好成績を維持し続けている。

日本で「ゆとり教育」として批判された1998年・1999年の学習指導要領改訂には、大きく2つの特徴があった。一つが、授業時数の削減で、当時は「3割削減」と称された。もう一つが、週3コマに及ぶ「総合的な学習の時間」の設定であり、従来の国語や算数などの教科とは異なって教科を横断的に学習し、「探究」を重視するものとされていた。すなわち、「総合的な学習の時間」の時間を生み出すために、授業時数を削減したとも言えるのだが、こうした政策は、シンガポールにおけるプロジェクト・ワークの導入（2000年）やTLLMイニシアティブの実施（2005年）と重なる。

そうなると、なぜ、同じような政策を導入した両国が、異なる経路をたどることになったのかが気になってくる。日本の1998年・1999年の学習指導要領改訂は、PISAショックと呼ばれるように国際的に学力ランキングが低下する中で、「ゆとり教育」として厳しい批判を受け、その後の学習指導要領は内容を大幅に充実する方向に舵《かじ》を切ることとなった。一方、シンガポールは同じ「ゆとり教育」を続けながら、PISAの成績では世界トップレベルを維持し続けており、いまや新たな世界一になっているとも言える。両国の政策の共通点と相違点を探っていくと、日本の教育レベルを引き上げるためのヒントがありそうである。

もちろん、各国の教育制度には社会的・文化的な側面を含めて様々な違いがあるので、単純に比較することはできない。しかし、シンガポール政府には明確に掲げてきた方針がある。それは、シンガポールがカリキュラムの削減を進めるうえで、生徒だけでなく、教師に対しても「ゆとり（space）」を作ることを徹底してきたことである。教師のゆとりを確保するために、教師数を増やすことはもちろん、スクール・カウンセラー、特別支援員、部活動支援員などのサポートスタッフを増やすことで、先生にも生徒にも十分な時間を確保することを徹底してきたのだ。シンガポール教育省も、こうした取り組みが効果的であったとしている。

教育をエコシステムで考える

近年、国際的な議論で特に重視されているのが、教育を「エコシステム（eco-system：生態系）」として捉えることである。教育も、社会の中の様々な要素の一つであり、だからこそ、教育という社会の一側面だけを変えようとしても必ずしもうまくいかないのは当然である。「探究」についても同じことが言える。「探究」を進めていくためには、そもそも「探究」が

図表27　コンピテンシー育成に向けたカリキュラムの3つの局面

意図されたカリキュラム（Intended Curriculum）	実施されたカリキュラム（Implemented Curriculum）	達成されたカリキュラム（Attained Curriculum）
○カリキュラムの質	○教師の資質能力	○授業を通した評価
・教科の専門的知見	・採用、育成、研修	・形成的評価
・新しい社会的ニーズへの対応	○教師の指導法	・通知表、指導要録、調査書
・知的好奇心、チャレンジ精神	・アクティブ・ラーニング	○標準化テストによる評価
・焦点化	○教師を取り巻く環境	・全国学力・学習状況調査
・順序性、年齢相当性	・定数、働き方改革	・各自治体による学力調査
○カリキュラムの量	・免許制度	・国際学力調査（PISA、TIMSSなど）
・適切な分量	・教科書、教材、指導書	○入学者選抜
	・ICT環境	・中学入試、高校入試
	○教師に期待される役割	・大学入試（一般選抜、AO、推薦）
	・保護者からのニーズ	
	・子供の安全管理	

筆者作成

何かということについて、教師による共通理解が必要である。また、実際の指導に向けた研修など教師の専門性の向上、将来の教師を育てる大学の教員養成課程における教育内容の見直し、シンガポールが行ったような教師や生徒のゆとりの確保、コンテンツや教材の開発、大学や研究機関・企業などの外部組織による協力体制の構築、通知表や大学入試、企業の採用などにおける評価のあり方との連動、生徒や保護者を含めた社会一般による理解など、様々な要素が必要になってくる。すなわち、「探究」を推進できるようなエコシステムを考えていくことが必要なのであり、逆に言えば、どこかに欠けたところがあれば、せっかくの「探究」も、期待された成果を十分には出すことはできないのである。

　図表27は、OECDが行っているカリキュラム分析の枠組みを踏まえたものである。「意図されたカリキュラム（Intended curriculum）」とは、カリキュラム政

策の立案者が策定するカリキュラムで、日本で言えば学習指導要領がこれに当たる。「実施されたカリキュラム（Implemented curriculum）」は、カリキュラムが実際にどう実践されるかということであり、具体的には、教師が行う授業のことである。また、「達成されたカリキュラム（Attained curriculum）」は、教師が実践したカリキュラムを生徒がどう受け止めるかということであり、生徒が身につけた力のことである。

仮に「意図されたカリキュラム」が優れたものであるとしても、例えば、大学の教員養成課程のカリキュラムが旧態依然としている、教師が忙しすぎて十分な準備の時間がとれない、といった課題があれば、「意図されたカリキュラム」のねらいは十分には達成できない。また、仮に教師による授業が優れたものであっても、生徒一人一人がどこまでのことを学んでいるか、また、通知表や入試などを含めて適切な評価ができているかといった「達成されたカリキュラム」も問題になってくる。

重要なことは、「探究」を進めていくためには、学習指導要領を変えるだけでは全く十分ではないということである。学校現場の忙しさや、大学の教員養成課程、あるいは入試システムなど、エコシステム全体まで含めて考えなければ、本当の意味での「探究」の実現は難しいのである。

以上を踏まえて、これから「探究」を進めていくうえで、特にポイントになる点について触れておきたい。なお、「探究」は時間がかかるものであり、十分な授業時間が必要であるが、この問題については第五章で触れる。

教科を中心とした方法論の重視

既に見てきたように、探究を進めていくうえで不可欠なのは方法論である。探究を始めた最初の段階では自分の関心があることがらを手あたり次第に調べたり、実験してみることもあるかもしれない。しかし、探究を学問として行っていく以上、いつかはそこから脱却していかなければならない。例えば、文献の引用や実験の仕方など、探究を進めていくための「お作法」を身につけていく必要がある。

また、探究を進めていくためには、しっかりとした知識や思考力が必要になってくることも当然である。社会のこと、科学のこと、環境のこと、色々なことを知ったうえで、はじめて適切な課題設定、問題解決について考えることができるようになる。その意味では、国語や数学などの教科の重要性を、むしろ従来以上に意識しなければならないとも言えるし、探究に取り組む中で、子供たち自身が教科の学習の必要性に気づくことも望ましいことだろう。

なお、子供たちが自分で設定した課題の中には、教師が知らないようなテーマになることもあるだろう。しかし、上述のようなお茶や城郭といったテーマについて、教師が詳しく知っている必要はない。むしろ教師に求められることとしては、それらの探究活動が円滑に進むように教科の学習との関連性を意識させることが考えられる。例えば、お茶の産地を考える際には地理に関する知識が、城郭を考える際には歴史に関する知識がかかわってくることもあるだろう。また、それぞれの学問分野における方法論に沿っているか、倫理的・道徳的な観点から問題がないか、といったことも重要である。こうした観点からの助言を行うことが、教師にとっての重要な役割となってくるだろう。

コーディネーターとしての教師の役割

各教科については、教師は専門家であり、子供たちの前で、「知らない」、「わからない」とは言いづらい部分もあるかもしれない。しかし、多様なテーマを取り上げる探究においては、教師自身が「知らない」、「わからない」ことがあってもおかしくはない。むしろ、「それは自分もわからないから、一緒に調べてみよう」、「このことについては、大学の先生に聞いてみたらどうかな」と言えるマインドセット（心構え）を身につけ、従来とは少し異なる授業スタイルに転換することも重要になってくる。

そうした中では、他教科の教師と連携したり、大学や研究機関、企業、官公庁、NPOなどとの幅広いネットワークに子供たちを結び付けるといった、コーディネーター的な役割を担っていくことも重要になってくるだろう。そうした視野の広さは、教科を指導する際にも還元されるはずだ。

探究の評価

もう一つ、大事な点が「探究」の評価である。探究のテーマが個別化・細分化していくほど、また高度になっていくほど、それぞれの探究の優劣を相対的に比較することは難しくなっていく。同じノーベル賞であっても、ノーベル物理学賞とノーベル文学賞を同じ土俵で比較することができないのと同じように、物理分野の探究と文学分野の探究を同列には比較できないだろう。

ルーブリックと呼ばれるような統一的な評価基準をあらかじめ用意しておけば、評価にも一定の統一性を持たせることは可能となる。ただ、こうした基準を用いたところで、評価者も異なるのであれば、公平性の担保には限界がある。

例えば、フランスの大学入試であるバカロレア試験では、各教科について長文の論述が求められる。当然、学生によって答案の内容は大きく変わってくるが、実際に一枚の学生の答案を採点するのは、2名程度の採点者に限られる。すなわち、受験者ごとに、全く違う採点者が採点を行うことになる。当然ながら、採点には一定のばらつきが生じるので、試験を行う地区ごとに採点のばらつきを調整するコーディネーターが配置されているのだが、このコーディネーターにしても、すべての答案を厳密にチェックできるわけではない。当然、採点者によるゆらぎがゼロとは言えないはずだが、フランスでは、こうしたことはあまり問題視されていないようだ。

　こうした評価のゆらぎをどこまで許容するかは、探究の評価が、特に入試との関係で、どのように使われるかによっても変わってくるだろう。探究の評価によって入試が決まる割合が高まってくれれば、その分、その評価の内容についても厳しい目が注がれるようになる。

第五章　何をどこまで学ぶべきか

1　「広さ」と「深さ」のトレードオフ

アメリカの「長さ1マイル、深さ1インチ」問題

アメリカの学校で使われている教科書は、まるで辞書のように厚いと言われる。実際、アメリカのカリキュラムは、非常にたくさんのことがらをカバーしており、教科書もそれに対応して分厚いものになっている。しかし、教科書が厚いからと言って、子供たちがその分勉強をするとは限らないし、仮に勉強したとしても、それが身につくかということはまた別の問題である。そもそも、これまでのPISAの結果を見ても、アメリカの学力水準は必ずしも高いとは言えない。

そんなアメリカのカリキュラムについて、しばしば「長さ1マイル、深さ1インチ」と揶揄《やゆ》されることがある。アメリカの単位なのでイメージしづらいが、メートル法で表せば、「長さが約1・6キロメートル、深さが2・5センチ」になる。端的に言えば「広く、浅い」カリキュラムということになる。授業時間が有限である以上、何を学ぶかは、「広さ」と「深さ」という2つのベクトルの中でバランスをとらざるを得ない。深さを求めれば、広さには制約が生

じるし、広さを重視すれば、深さに制約が出る。両方を同時に求めることはできないので、両者のトレードオフの中で結論を出すしかない（図表28）。

歴史の学習を例にとれば、旧石器時代から近現代まですべてを通史で学ぼうとすれば、当然相当の時間がかかる。もちろん、通史を学ぶことも大事だろうが、一方で、特定の時代を取り上げて、歴史的な考え方や資料の扱い方、読み解き方などの方法論を学ぶことを重視することも考えられる。実際、近年の日本の高等学校における歴史教育では、通史を重視する前者の発想から、後者の発想へと変化してきている。必修科目としての「歴史総合」では、近現代史を舞台にして方法論を学び、そのうえで、希望者に対しては、選択科目として「日本史探究」、「世界史探究」で通史を学ぶことができるようにしている。かつてのように、誰もが旧石器時代から近現代史までを通して学ぶ時代ではなくなっているのだ。

図表28　「広く浅く」と「狭く深く」

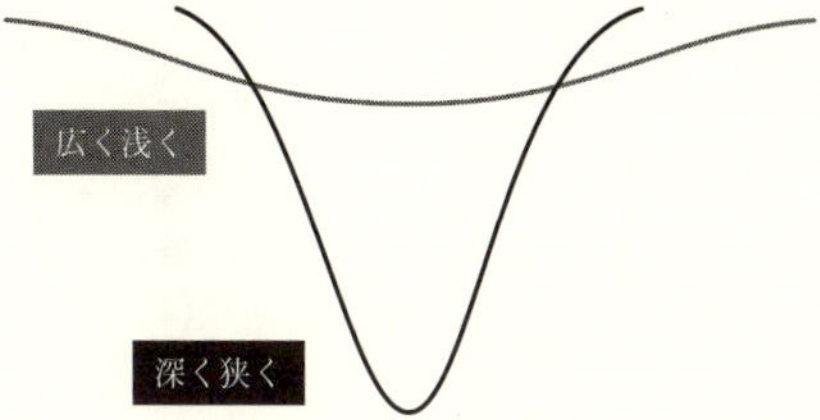

筆者作成

とはいえ、様々な教科・科目において、「広さ」と「深さ」の関係をどのようにカリキュラムとして仕上げていくかは、難しい問題である。実際、多くの国がカリキュラムの「振り子現象」を経験していると言われる。振り子現象とは、まさに「広さ」と「深さ」の間で揺れ動いている状態であると言ってもよい。「もっと多くのことを盛り込むべき」という意見を重視して「広さ」を優先すると、当然、内容を増やす方向に振れていく。そうなると、今度は内容を精選して、「深さ」を追求すべきという声が出始める。結果的に、今度は内容を減らす方向に振れていくのだが、実は、各国でこうした現象が繰り返されてきている。

カリキュラム・オーバーロードの本質

科学の発達や社会の複雑化に伴って、学校教育で取り上げるべきことがらは飛躍的に増大していく。一方で、授業の時間は有限である。中学校であれば年間の授業時間は、1コマ50分の授業を1日に6コマ、年間の授業日数が200日程度だから、実質的な時間数としては1000時間程度である。コンテンツを精選していかない限り、「浅く広く」教えざるを得ないことになる。これが、カリキュラム・オーバーロードと呼ばれる問題である。オーバーロード(overload)とは、荷物を積みすぎている状況のことであり、カリキュラムがまさに過積載になっていることである。

この問題が難しいのは、学校教育で取り上げるべきことがらが、実際に増えていることである。例えば、近年世界各国で追加されたコンテンツとしては、環境、情報、統計、データサイエンス、外国語、健康、生活などに関するものが多いが、どれも現代社会において重要性を増している内容である。むしろ、こうしたコンテンツを追加しないわけにはいかないはずだ。しかしながら、国によって追加される要素は多様であり、ハンガリーでは、関係団体による政治へのロビー活動によって、観光やレジャー、さらにはチェスに関する教育までカリキュラムに加えられたという。

カリキュラム・オーバーロードという問題の本質は、このように様々なコンテンツがカリキュラムに盛り込まれることによって、教師にも、子供たちにも、過剰な負担がかかってしまうことにある。結果的に、教師が授業の準備をしたり、子供たちにきめ細かく対応したりすることが難しくなってしまう。子供たちにしても、「広く浅く」様々な内容には触れる一方で、第四章で取り上げた「探究」のように、ものごとの本質を理解する余裕がなくなってしまう。

教師や子供たちの負担さえ考えなければ、学習内容を増やすことは簡単だ。カリキュラム上の記述を増やしたり、アメリカのように、教科書を厚くしたりすればよいだけの話である。関係するステイクホルダーも、カリキュラムや教科書に自分たちの関心事項が盛り込まれていれば満足するだろうし、積極的な反対は少ないだろう。

しかし、増やすことよりも難しいのが、既にカリキュラムに含まれている教科やトピックを、どのように精選・スリム化していくかである。例えば、AI時代の到来を踏まえて、数学でも、データの分析などに関する内容が追加されるようになっている。その分、何らかのトピックを減らさなければ、全体の内容は増大する一方である。そうは言っても、実際に、三角関数やベクトル、微分・積分などを減らすことができるだろうか。こうした事例は、数学だけに限ったことではなく、どの教科でも生じ得る。もちろん、教科を超えてスクラップアンドビルドすることも可能だが、例えば、社会科のコンテンツを増やした場合に、それに見合った分のコンテンツを、他の教科（例えば、国語や理科）から減らせるかというと、それと同等以上に難しい判断になるだろう。ノルウェー教育研究省の報告書でも、新しいニーズに応えるためのコンテンツが追加される一方で、既存のコンテンツはそのまま維持されるため、結果的にカリキュラム全体が肥大化する傾向にあると指摘されている。世界各国が、こうしたカリキュラムの肥大化傾向をいかに食い止めるかという問題に直面しているのである。

もちろん学習内容を精選するための取り組みを実現している国もある。実は、1998年・1999年の日本の学習指導要領改訂は、「ゆとり教育」として厳しく批判されたが、学習内容を「3割削減」したということで、オーバーロード対策の観点からは先駆的な取り組みとして評価されている。シンガポールが、2005年から導入したTLLMイニシアティブでカリキュラムを3割削減したことは既に述べたが、最近では、オーストラリアが2022年のカリキュラム改訂で、学習内容に関する記述の分量を21%削減しており、その分、より学習を深めていくとしている。もはや、「分量を増やせば、その分より多く学習する」と考える時代は終わりを告げようとしているのだ。

2　問題の背景

コンテンツ主義とコンピテンシー主義

実は、カリキュラム・オーバーロードの問題は、教育観の問題とも密接に結びついている。ここでいう教育観とは、第三章（106頁）でも触れたように、どのような内容（コンテンツ）を学んだかを重視するコンテンツ主義と、どのような能力（コンピテンシー）が身についたかを重視するコンピテンシー主義の2つの考え方のことである。

伝統的に、どの国もコンテンツ主義に傾斜してきた。少なくとも、授業で取り上げられたり、教科書に掲載されていたりすれば、どの子供たちも学ぶ機会を得ているはずである。ただ、こうしたコンテンツ主義の考え方に対しては、批判も根強い。その最たるものは、コンテンツとして盛り込んだからといって、実際に子供たちがその項目を理解したかどうかの保証はないということである。場合によっては、「授業で扱った」、「教科書に書いてある」という建前だけが残ることにもなりかねない。

こうしたコンテンツ主義に対する反省や批判と、その一方でのキー・コンピテンシーやPISAに対する注目もあり、近年では各国がコンテンツ主義からコンピテンシー主義に軸足を動かしつつある。実は、このことは、オーバーロードへの対策という観点からも意味がある。前述のノルウェー教育研究省の報告書でも、カリキュラム・オーバーロードが生じるのは、「新しい教科コンテンツが追加されても、既存のコンテンツから外されるものがない場合」であるとしたうえで、「教科のカリキュラムにおいてコンピテンシーに焦点を当てることは、カリキュラム・オーバーロード対策としても機能し得る。なぜなら、そこで問題になるのは、何らかの素材を教科から外したり入れたりという話ではなくて、どの教科やどのような学習方法が、求められるコンピテンシー育成の観点から選ばれるのかということである」としており、コンピテンシーの視点からの見直しを提言している。

もっとも、コンピテンシーを重視するからといって、コンテンツは何でもよいというわけではない。逆に、コンテンツを重視するからといって、必ずしもコンピテンシーを軽視するわけでもない。そもそも、両者を二項対立的に捉えるべきではないのだ。実際、イギリスでは、かなり早い段階からコンピテンシーを重視する傾向が強まっていたが、２０１１年の専門家による報告書は、以下のように述べている。

教科の知識を重視・強調するあまり、教育の発達的な側面の方を軽視する教育者がいる。他方では、現代社会の知識の変化は早く、「学ぶ方法を学習することこそが最優先されるべきである」と主張して、スキル、コンピテンシー、資質能力の開発に重きを置く教育者も存在する。私たちは二者択一で考えておらず、いずれかの立場でもない。確かに、「何か」を学習することなしに、独自に「学び方」を概念化することは不可能である。本委員会は、二つの要素――知識と発達――の双方が教育の過程で確実に提供されるように具体的な方策を提示したい。（Department for Education, U.K., 2011）（傍点筆者）

この報告書で重要なのは、コンテンツ主義とコンピテンシー主義を二項対立的に捉えることの危険性を指摘していることだ。いかにコンピテンシーの育成が大事だとしても、教師が子供たちに「批判的に考える力をつけましょう。では、何か適当なテーマはありますか」、「創造性を発揮しましょう。自由に何でも考えて下さい」と呼び掛けたところで、子供たちは何をしたらよいかわからないだろう。自分でコンテンツを探すだけで授業の時間は終わってしまうかもしれない。やはり、数学の問題や国語の題材など、学習のための適切なコンテンツは必要なのだ。

北海道根室市、明治公園のサイロ
出典：日本遺産ポータルサイト

サイロ思考からの脱却

近年、「サイロ思考」という言葉が注目を集めている。サイロとは、収穫した小麦やトウモロコシなどを貯蔵する円筒形の倉庫のことであり、日本でも北海道など穀倉地帯に行くと見かけることがあるだろう（写真）。あくまでも倉庫なので、外に開かれた窓や扉も少なく閉鎖的なイメージであるが、そこから転じて、自分の世界だけに閉じてしまい、外界と協力・連携しようとしない閉鎖的な考え方のことを、「サイロ思考」や「サイロ主義」などと呼ぶようになっている。企業などでも、例えば開発部門と営業部門など、組織間での連携がうまくいかないことについては、昔から、「縦割り主義」や「セクショナリズム」などといった言葉で批判されてきたが、このサイロ思考も同根の問題である。

教育におけるオーバーロードの問題も、まさにこのサイロ思考の問題とも関係している。教育は誰もが経験することであり、「一億総評論家」と言われるほど、教育に関心を持つ人は多い。しかし、その一方で、教育の全体像をバランス良く見ることができる人は少なく、大抵は、自分の専門分野や関心事項にばかり注目しがちである。

例えば、プログラミングに関心がある人であれば「学校教育の中でプログラミング教育はちゃんと行われているのか」、日々のビジネスシーンで英語力の必要性を痛感したりしている人にとっては「英語の授業時数が少なすぎる。もっと英語に触れる時間を増やしてほしい」、歴史に関心がある人であれば「我が郷土の英雄について、学校教育できちんと取り上げられているか」など、個別のことがらに着目して考えることは、むしろ普通である。必然的に、教育の全体像というよりも、パーツだけを見がちになる。

もちろん、パーツに着目することが悪いわけではないし、それぞれの要素が重要なことも事実だ。しかし、全体を見る視点がないまま、自分の関心事だけに着目すると、全体の分量などが二の次になってしまう。結果的に、「合成の誤謬《ごびゅう》」（個人や個別企業のレベルで妥当することが、社会全体の大きなレベルでは妥当しないということ：広辞苑）が生じ、現場の教師や生徒に過度な負担がかかったり、結局消化不良になったりしてしまい、狙いどおりにはコンピテンシーが身につかないことも考えられる。

自分で自分の首を絞めている

カリキュラム・オーバーロードの問題は、例えば、金融業界からは金融教育を、法曹界からは法教育を、環境保護団体からは環境教育を、といった具合に、教育界以外からの様々な要望が教育界に突き付けられていることで生じているように見えるかもしれない。もちろん、そうした側面もあるだろう。

それでは教師をはじめとする教育関係者には、オーバーロードの責任はないのだろうか。オーストラリアの小学校校長会が出しているレポートでは、オーバーロードの原因として、カリキュラムの策定が各教科ごとの視点に陥りがちで、全体を見る視点が希薄であることを指摘している。その一部を抜粋すると、以下のように手厳しく批判している。

カリキュラムが実質的に教科ごとの枠組みによって定義され、その枠組みの中で作られるのだから、各教科の設計に携わる人がその領域に完全に責任を持って関わるか、あるいは関わるようになることは、おそらく必然と言える。結局のところ、カリキュラム全体における その領域や意義を維持することに注力するのである。そのため、各領域における教科ごとの執筆者や助言者が、自らのテリトリーを主張するようになる。その結果として生じるのが、文書についてのオーバーロードであり、究極的にはカリキュラムのオーバーロードとなる。(APPA, 2014)

ここには、前述の「サイロ主義」の弊害が現れている。教科など狭い領域だけで議論していると、その世界の中だけで考えることになり、結果的に現状維持を前提として考えることになりがちである。全体を俯瞰的に見ながら、カリキュラムを考えていくようにしないといけないだろう。

この問題については、どの国でも概ね似たような現象が起きている。結局のところ、「総論賛成・各論反対」なのだ。実際、筆者はこの問題について色々な国の教師と話す機会があったが、ほとんどすべての教師が、オーバーロード問題を解消する必要性に賛同する。しかし、続けて、「それでは、あなたの専門の教科では、どこを削ることができますか」と尋ねると、急にトーンが変わってくる。「いやいや、国語は大事ですから、削れませんね。むしろ、もっと授業時間が必要なくらいです。数学などは時間数も多いですから、相当削れるんではないでしょうか」となるのだ。もちろん、これを数学の教師に聞けば、「いやいや、数学は大事ですから削れませんよ。国語などは削る余地があるのではないでしょうか」などとなってくる。もちろん、理科や社会科などほかの教科を含めて、どの国の教師に聞いても、ほとんど同じような回答が返ってくる。

確かに、各教科を専門とする教師は、その教科の魅力の最大の理解者であるはずだ。だからこそ、「もっと理科の楽しさを学んでほしい」、「音楽の魅力を子供たちに伝えたい」と考えることはよくわかる。しかし、それがすべての教科で起きたら、何が起こるだろうか。答えは明白だ。ただでさえ、教育界以外から続々と新しいニーズが寄せられているところに、さらに既存の教科は一切減らせないとなったら、カリキュラムは増大を続けるしかない。結果的に、先生も子供たちもますます忙しくなり、優秀な学生が教職を避けるようになっていく。もちろん、じっくりと「探究」に取り組む余裕もなくなってしまうだろう。

3　見えてきた解決策

金融リテラシー調査の結果

新しい社会的ニーズが生じたから、その分、カリキュラムに新しい内容を追加するというのは、きわめて率直な考え方である。しかし、授業時間が有限である以上、新しい内容を追加する際には、既存の何かを削るというスクラップアンドビルドをしない限り、オーバーロードの問題は深刻化することになる。

シンガポールのTLLMイニシアティブは、カリキュラムのコンテンツを削減することで、教師にも生徒にも探究のためのゆとりを作り出すものだった（序章、第四章参照）。ただ、コンテンツの削減は、実際には難しいことであり、多くの国が、結果的にコンテンツを追加し続けてきている。日本の1998年・1999年の学習指導要領も、「3割削減」することで「ゆとり」を創出するように目指したものだったが、PISAショックという結果もあり、その後の学習指導要領改訂では、コンテンツは増加に転じている。

もっとも、見落としてはならないのは、コンテンツを追加したからといって、必ずしも期待したような教育効果が出るわけでもないということだ。ここでは、その事例として、金融リテラシーに関するOECDの分析結果を見てみよう。

2008年に起きたサブプライム問題に端を発して、リーマン・ショックとそれに続く世界的な金融危機が起きた。金融危機に対する教育面での対応として、一部の国では、「金融」に関する授業が行われるようになった。

ところが、その後の2012年に行われたPISAにおいて、各国の生徒の金融リテラシー(financial literacy)を分析したところ、結果は意外なものだった。普通に考えれば、金融教育をしっかりやればやるほど、高い金融リテラシーにつながるはずである。ところが、PISAに

図表29　学校で金融教育を受けている割合と金融リテラシーのスコア

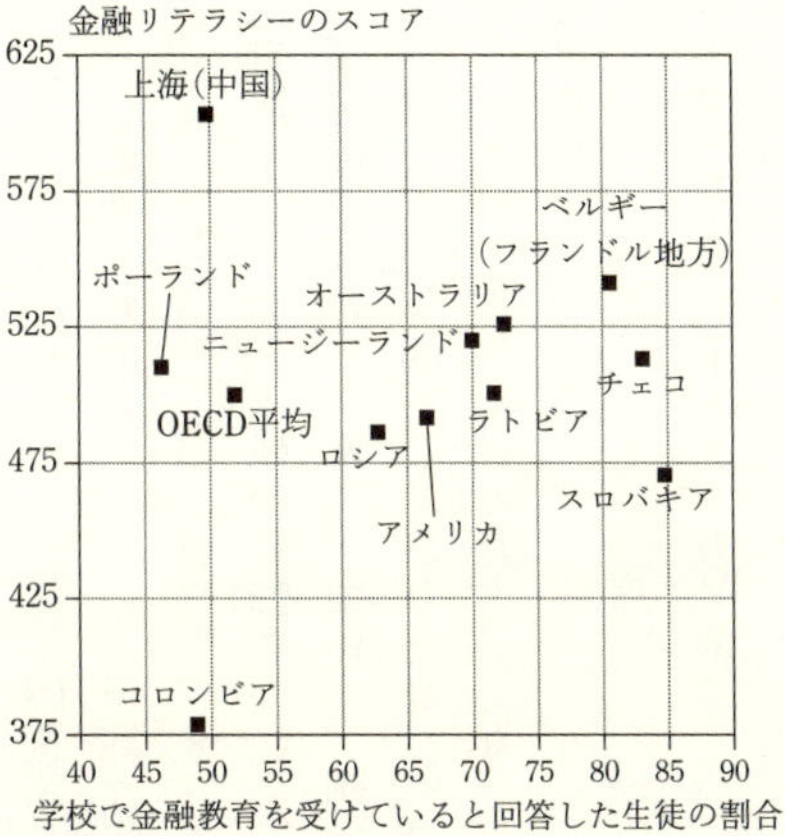

出典：OECD, 2019

おける金融リテラシーのスコアと、金融リテラシー教育の実施状況との間には、明確な関係性は見られなかったのである。

図表29は、縦軸が金融リテラシーのスコアを、横軸が金融リテラシー教育を行っている学校に在籍する生徒の割合を示している。スロバキア、チェコ、ベルギー（フランドル地方）では、8割を超える学校で、金融リテラシーが扱われている。それにもかかわらず、例えば、ポーランドなどはるかに割合の少ない国と、ほとんどスコアの差が見られない。

むしろ、最もスコアが高かったのは、金融に関する教育を行っている割合が低い上海（中国）という皮肉な結果が出ている。さらに、その背景としては、そもそも上海（中国）はPISAの本体調査で行っている数学的リテラシーなどで好成績を出していることが指摘されている。

生徒たちは、数学的な思考方法に熟達していて、確率やリスクなどの概念を十分に理解していたために、たとえ馴染みがない「金融」に関する問題であっても、既有の知識を応用することである程度対応できたと考えられているのだ。

ここから示唆されるのは、新しい課題が現れたからといって、必ずしもカリキュラムにコンテンツを追加すればよい、という単純な帰結にはならないことである。金融の専門家からすると、「子供たちにも、もっと金融のことを理解してもらわないといけない」という考えを持つのは自然だし、それは他の分野についても同様だろう。しかし、学校教育には、その根っこになる部分は既にたくさん入っている。例えば、高等学校までの段階において、微分・積分や確率・統計などの理論をしっかりと身につけておけば、将来、様々な分野で役立つだろうし、もちろん、金融の世界に進んだとしても、デリバティブやポートフォリオ理論を学んでいくうえでの基礎にもなるだろう。

カナダやニュージーランドの対策

カリキュラムで扱われるコンテンツが多すぎると、すべてを理解することがどうしても難しくなったり、時間の経過に伴って内容を忘れてしまったりすることが生じる。そのため、近年では、各学問分野の重要な概念や考え方、思考パターンなどに焦点を当てるアプローチが注目されている。こうしたアプローチは、ビッグ・アイディア（big ideas）やキー・コンセプト

（key concepts）と呼ばれることが多い。

例えば、カナダのブリティッシュ・コロンビア州では、各学年・各教科ごとに、ビッグ・アイディアを設定している。州政府の説明によると、ビッグ・アイディアとは、「各学習領域における（概念の）一般化や原理、主要な概念などから構成されるもの」としており、各学年のカリキュラムが終わる時点で、生徒はビッグ・アイディアについて理解していることが求められる。小学校5年生を対象にした社会科のカリキュラムを見てみると、ビッグ・アイディアとして、例えば、「カナダのマイノリティに対する政策は、彼らに正の遺産と負の遺産の両方を残した」、「天然資源は、カナダの各地域の経済やアイデンティティを形作り続けている」といったことが挙げられている。子供たちは、ここで学んだビッグ・アイディアを、次の学年や卒業後においても活用していくことが期待されている。

ブリティッシュ・コロンビア州のビッグ・アイディアと異なり、各学問分野における固有の思考方法や考え方などに焦点を当てるアプローチとして、ニュージーランドにおけるキー・コンセプトがある。キー・コンセプトは、「生徒が学校を卒業して多くの詳細な内容を忘れてしまった後でも、なお生徒の中に残ることが期待される考え方や原理についての理解」とされている。例えば、高校レベルでの歴史分野での記述を見ると、「原因と結果」について、「歴史家は、歴史上の事象の理由と結果について調査する。つまり過去の事象の原因と、その事象が人々の生活と社会に及ぼした影響について議論する。歴史家は、各事象が、相互にどのように関連し合っているかを研究し、テロ行為や革命、移民など、広く認識されているテーマや考え、運動などを浮き彫りにする」といった形で、歴史の専門家がどのように考えるのかという点を重視していることがわかる。各学問分野が、どのような視点や考え方を重視していくのかを理解することができれば、そうした視点や考え方を、他の分野や領域にも応用できる。例えば、歴史であれば、古代史を学ぶ中で得た歴史的な視点や考え方を、中世や近現代に関する学習においても活用できれば、より効果的に、歴史全体を深く学ぶことができるだろう。

ビッグ・アイディアやキー・コンセプトについては、様々な形で使われており、必ずしも決まった定義があるわけではない。また、ブリティッシュ・コロンビア州のビッグ・アイディアのように、教科の中の重要概念を取り上げることもあれば、ニュージーランドのキー・コンセプトのように、教科における考え方に焦点を当てる場合もある。現在、日本の学習指導要領に盛り込まれている「見方・考え方」は、ニュージーランドのキー・コンセプトの考え方に近いが、より直接的にオーバーロード問題に対応するためには、ブリティッシュ・コロンビア州のようなアプローチの方が効果的かもしれない。各国の取り組みを参考にしながら、日本としてのベストミックスを考えていくべきだろう。

教師視点のカリキュラム設計

さて、以上見てきたように、海外の事例に多くのヒントはあるものの、実のところ、カリキュラム・オーバーロードの問題を解決する特効薬があるわけではない。地道に関係者の理解を得ながら、改善を続けていくことが基本になるだろう。

その際、教育の議論をはじめると、「子供たちのために」という言葉が金科玉条のように出てくる。もちろん、そのこと自体が間違っているわけではない。しかし、「子供たちのために」という言葉は、反論を許さない強さも持ち合わせている。この点が絶対視されてしまうと、教師側の事情は二の次、三の次にされてしまい、教師に過度な負担がかかるだけでなく、教師から教える魅力や楽しさを奪ってしまうことにもなりかねない。

もちろん、教師はそもそも大人であり、まして給料をもらっているのだから、仕事は辛くて当然という考え方もあるかもしれない。しかし、その結果として教師が魅力的でない職業になってしまったとしたら、何が起きるだろうか。現役の優れた教師が辞めてしまったり、あるいは教師を目指していた学生が教職に見切りをつけて企業などに就職してしまったりしたら、そのツケは、未来の子供たちに回ってくることになる。既に教師不足は世界的な課題として現れてきている（序章参照）。もちろん、従来のカリキュラムが、子供たちにとってより良い学びにつながるように工夫されていたことは十分理解できる。しかし、それは同時に、教える側にとっても魅力的なものでなければならないのだ。

カリキュラムを作る際には、国語や数学など各教科において選《よ》りすぐりの教師や、あるいは関連分野において研究業績を挙げている大学の研究者が関わることが多い。もちろん、そうした優れた専門性を生かすことは必要だろう。ただ、そうした教師や研究者が、必ずしも教育現場の実態を熟知していたり、様々な教科の全体像を把握しているとは限らない。各教科の専門家だからこそ、かえって「サイロ思考」に陥ってしまう場合もあるだろう。

日本だけでも、幼稚園から高等学校まで含めれば、100万人を超える教師がいる。年齢だけ見ても、20代の若手から60歳以上のベテランまで幅広い層にわたるし、序章で触れたように、今後は外国籍や外国にルーツを持つ教師も増えてくることも想定される。そうした様々な教師にとって、教えることが魅力的と感じられるようなカリキュラムが求められているのだ。

終　章　これからの教育はどこへ向かうか

1　ニュー・ノーマルの教育像

新しい教育の姿

時代の変化に伴って、教育という巨大なシステム全体が、少しずつ変容してきている。そうした兆候を読み解いていくと、これからの教育が向かう方向性が少しずつ見えてくるだろう。

この点で参考になるのが、2019年にOECDが示した「ニュー・ノーマルの教育像」である。「ニュー・ノーマル」とは、これまではノーマルでなかったことが、新たにノーマルになることであり、日本語では「新常態」とも表される。もともとは、リーマン・ショックを契機として、欧州で深刻な金融危機が生じたときに多用された言葉であるが、最近では、より様々な形で用いられるようになっている。典型的には、2020年から世界中に蔓延した新型コロナウイルス感染症で、マスクの着用やソーシャル・ディスタンスといった生活習慣が急速に広まったことが挙げられる。日本では「新しい生活様式」と呼ばれていたが、まさしく生活様式のニュー・ノーマルにほかならない。

教育においても、伝統的な教育の世界ではノーマルでなかったものが、時代の変化に伴って、

図表30　ニュー・ノーマルの教育像

		伝統的な教育	ニュー・ノーマルの教育
①教育システム	制度・組織	社会から孤立・分断	エコシステムの一環
	意思決定	特定の人が意思決定 責任も集中	関係者を巻き込んで意思決定 責任を分担
②学習	学習成果	結果（テスト）重視	プロセスも重視
	カリキュラム	画一的・標準化	柔軟・多様
③教師・生徒の関係	生徒の役割	（教師の指示の） 聞き手として	（教師や仲間と成長しあう） 能動的な参加者

OECD（n.d.）を基に筆者作成

新たにノーマルになりつつある。例えば、学習の評価というと、一昔前はテストの結果ばかりが注目されていたが、近年では、結果だけでなく、どんな学習をしてきたかというプロセスも着目されるようになってきている。教育のあり方全体が変わってきているのだが、ここでは、図表30に示すように、①教育システム、②学習、③教師・生徒の関係、という3つの観点に分けて見ていきたい。

分断からの脱却

はじめに、図表30の「①教育システム」に関することから見ていこう。

古典的な教育の特徴は、孤立あるいは分断されていることだった。例えば、教師は自分の学級でいじめなどの深刻な問題が起きても、一人で対応しなければならなかった。また学校自体も社会から隔絶された存在になり、地域の住民も教育に関わることができず、子供たちも社会で何が起こっているかを十分理解したり、経験したりすることができなかった。日本の一昔前の学校と言えば、このような姿を連想する方も多いだろう。

しかし、今や各国で学校のあり方が変わってきている。教師が孤立した職業となってしまった結果、かつては離職率が高まるなどの状況も見られたが、近年では、教職員組織にチームワークを根付かせて、いかに学校全体としてより良い教育につなげていくことができるかが重視されるようになっている。日本でも、クラスで生じているいじめなどの問題について、担任の教師だけに任せることなく、校長や教頭、同じ学年の教師や養護教諭、スクール・カウンセラー、スクール・ソーシャルワーカーなど多くの人が関わって、チームとして対応する「チーム学校」の考え方が浸透してきた。また、地域住民が授業にゲスト講師として参加したり、コミュニティ・スクールなどの形で、地域住民が学校運営に関わったりすることも増えている。いわば、従来見られたような分断を乗り越えて、学校が地域におけるエコシステムの一つとして融合していこうとしている。

こうした分断からの脱却は、関係者に責任感や当事者意識を持ってもらうという意味でも重要である。例えば、運動会の当日の朝に雲行きが怪しい場合、予定通り実施するのか、それとも延期すべきなのか、校長には難しい判断が迫られる。念のため延期しても、実際には雨が降らず、十分に実施できた、ということになるかもしれない。苦労して仕事を調整して休暇を取得した保護者からすれば、文句の一つも言いたくもなるだろう。一方で、運動会の実施を強行したところ、結果的に雨が降って子供が風邪《かぜ》をひいたりすれば、やはり保護者からすれば文句を言いたくなるはずだ。要は、どんなに合理的な判断をしようとも、校長は批判される立場になり得るということだ。

しかし、校長が保護者にも事前に相談するなど、一緒に意思決定したとなれば、保護者にも当事者意識が生まれてくる。相談された以上は、保護者としても、その結果について責任を感じるのが普通であり、校長を一方的に責めたり文句をぶつけることも少なくなるだろう。その意味では、様々な意思決定を教職員、保護者、地域コミュニティなどと一緒に行っていくことによって、責任も分担・共有されるようになる。

こうした考え方は、英語では“shared responsibility”と呼ばれているが、実は、これと同じことが、教師と子供の関係にも当てはまる。例えば、学期末に通知表を渡されて、教師から一方的に、「あなたの数学の成績は5段階中の3でした」と言われても、納得できない場合もあるだろう。不満をぶつけたくなるかもしれないし、実際、そういう場合もあるので、教師側としても普段から評価の根拠となる記録を蓄積することに神経を使わなければならない。これは、かなりの負担だ。

しかし、普段からコミュニケーションをとっていて、「このままだと3になると思う」、「でも、この単元をもう少し頑張れば4になるかもしれない」などと子供たちにも伝えていれば、同じ「3」という結果であっても、より納得できるものになっているだろう。すなわち、学習のプロセスを共有していくことによって、子供たちにも当事者意識や責任感が芽生えてくる。

逆に、そうした機会がないと、教師による評価について、批判的に考えるようになりかねない。場合によっては、「自分の評価が悪いのは、先生がきちんと評価できていないからだ」、「そもそも、評価が悪いのは先生の教え方が悪いからだ」などと考えるようになってもおかしくはない。

そのため、近年、学習の「所有者意識（sense of ownership）」という言葉がよく使われるようになっている。すなわち、本来、自分のものであるはずの学習について、そのように感じられていないとすれば、学習の「所有者意識」を取り戻させるようにすることが重要だとする考え方である。

プロセス重視の学習へ

次に、「②学習」についてである。伝統的な教育では、教師が教えたことを、いかに吸収し、それをテストでどれだけ正確に再生できるかに焦点が置かれていた。そうした中では、子供たちは同じカリキュラムの下で学ぶことが当然視されたし、テストの結果ばかりが注目されて、それまでの学習のプロセスにおいて、子供たちがどのような学習経験をしたかということには十分な注意が払われてこなかった。

テストの結果は、もちろん大切である。しかし、限られた時間と問題数で行うテストは、学習の一つの側面を表すものに過ぎないことも事実である。仮に、そのテストの結果が悪かったとしても、学習のプロセスで多くのことを学んでいれば、その次の機会には良い結果が出るかもしれない。

また、テスト結果の前に、子供たちがどんな状況にあるかも見過ごされがちである。テストばかりに関心が寄せられることによって、学習の本質的な目的ややりがい、楽しさを見失ったり、心身に過度な負担がかかったりするようになってしまっては、子供たちのウェルビーイングが良い状態にあるとは言えないだろう。

カリキュラムについても、伝統的なカリキュラムの多くは定型的なものであり、すべての子供たちが、同じように右肩上がりに発達していくことを暗黙の前提としていた。しかし、実際には子供たちの発達は多様であるし、興味を抱くことがらも、人によって、年齢によって様々だろう。ニュー・ノーマルでは、カリキュラムもより柔軟で可変的なものになるとされている。

また、ニュー・ノーマルにおいては、従来のようなテスト中心の評価から、評価の枠組み自体も変わってくるとされている。そこで重視されているのが、「学習の評価（assessment of learning）」「学習のための評価（assessment for learning）」「学習としての評価（assessment as learning）」という評価に関する考え方である。

「学習の評価」とは、字義通り学習の状況を評価することであり、定期試験などの結果に基づく伝統的な評価方法であり、一般に「学習評価」と言えば、この「学習の評価」がイメージされるだろう。

これに対して、「学習のための評価」は、評価を学習改善につなげていくために行うものとして捉える。例えば、授業中における生徒との質疑応答や生徒が発表を行った際のコメントなど、教師は日常的に様々なフィードバックを行っている。フィードバックを行っているということは、当然、生徒の学習状況について一定の評価をしているということであるし、学習を改善していくためにはむしろ、従来型の学習評価よりも重要とも言える。こうした評価は、従来は必ずしも学習評価としては捉えられていなかったが、近年は、むしろ学習改善のために重要であるとして、評価の一環として捉えられるようになってきている。

さらに、「学習としての評価」という考え方も注目されている。昨今、自分の認知状況を認知することを意味する「メタ認知」という言葉が関心を集めている。確かに、自分の知識や理解度など学習状況を客観的に把握することは、次にどのような学習を行っていくかを考えるうえで不可欠である。そのためには、例えば「理論が理解できているか」、「知識が足りているか」と自分自身を評価することが必要になるが、そうした評価をすること自体が、学習の重要な側面を構成するという考え方である。

これからの教師・生徒の関係

最後に、「③教師・生徒の関係」である。従来の教師像・生徒像は、教師は教える役割を担い、生徒はその指示の聞き役になるという形で、ある程度明確にされていた。確かに、一昔前の日本の教室では、授業中の多くの時間は教師だけが話し続け、生徒が発言するとしても、教師から指名された場合や、挙手をして当てられた場合に限られることが多かっただろう。また、子供たちは教師の話をしっかりと聞いて、その指示に正確に応えることが重視されてきた。要は、教師主導の教育が主流だったのである。

しかし、ニュー・ノーマルの教育においては、生徒が主体性を発揮して、能動的に参画することが想定される（第二章参照）。教師が常にリードして、子供たちがそれに従う形だけではなく、双方向に刺激して、学びあっていく関係になっていくと考えられており、従来の教師観・生徒観自体が変わりつつあるのだ。

ニュー・ノーマルの意義と限界

ニュー・ノーマルの教育像について、伝統的な教育と比較しながら見てきた。ここで示されているのは、先進国における教育の大きな方向性であり、既に日本においても、その萌芽《ほうが》は様々な形で見ることができる。

もっとも、ここで挙げた個別の変化の程度は、国や地域によって一律ではないし、ニュー・ノーマルとして示されている方向性が、絶対的に正しいというものでもないことには注意したい。ニュー・ノーマルの教育は、それ自体が自然に生まれてきたというよりも、伝統的な教育に対するアンチテーゼとして提唱されている側面もある。そのため、必ずしも実際にうまく機能するとは限らない。

例えば、意思決定に関係者を巻き込んでいくことは一つの理想的な方法ではあるが、実際には限界もある。当然だが、地震や津波などの緊急時には学校長や担任の教師が一人で意思決定をしなければならない局面もあるだろう。また、いくら生徒の主体性が大事だとしても、例えば、薬品を使った実験や跳び箱を使った運動、給食のアレルギー対応など、子供たちの安全に関することについては、子供たちだけに委ねてはならないことも多い。

また、上述の学習評価についても、日本のように公平性が強く求められる社会では、学習の結果だけでなく、そのプロセスも評価することが大事だとしても、実際にそうした過程をどう評価するか難しい部分もある。学習のプロセスは人によって様々であるが、たまたま幅広いネットワークを持つ指導者に恵まれて、第一線の研究者からの助言を受けて内容を磨くことができる場合もあれば、そうした指導者に恵まれずに、独学でごく一般的な学習過程しかたどれない場合もあるだろう。そうした学習プロセスの違いを、どこまで公平に評価していくことができるかは、難しい課題である。

とはいえ、こうした改革の動きは、日本でも既に実現されていたり、あるいは、変化に向けた過渡期にあるようにも見える。日本を含めた各国が、これから進んでいく方向性を考えるうえで参考になるだろう。

2　未来の学校はどうなるか

OECDが示す4つのシナリオ

前節で取り上げたニュー・ノーマルの教育像には、これからの学校がどうなるのかについて触れられていなかった。そこで、本書の最後に、これからの学校の姿について触れたい。ここでは、OECDの教育革新センターが2020年に公表した報告書『将来の学校への回帰―学校の将来像の4つのシナリオ』を参考にして考えてみたい。各国の最近の動きなどを踏まえつつ、デジタル化の進展を軸に、2040年ごろまでに学校がどのような道筋をたどるかという可能性を示すものとされている。

この報告書では、大きく4つのシナリオが示されている。ちなみに、シナリオというと未来予測的なもの、例えば、「宇宙旅行」や「動物との会話」が可能になる、といったものがイメージされるかもしれない。しかし、これらの4つのシナリオは、そうしたものではなく、あくまでも、私たちの意思決定の参考とするためのシナリオを提示するものとされている。報告書の表現はややわかりにくいので、ここでは少し意訳して、①現在の延長線上にある学校、②アウトソーシングが進んだ学校、③地域ごとの特色化が進んだ学校、④融解する学校、という4つのシナリオに整理して紹介したい。

シナリオ1：現在の延長線上にある学校

1つ目のシナリオは、「伝統的な学校モデルを前提にしつつ、学校が漸進的に変化していく」とする。学校の基本的な枠組みは変わらないので、例えば、教師と生徒の関係性、一定のカリキュラムに基づいた試験を中心とした学習評価、学校での評価を前提にした入試や就職の決定、といった構造は残る。

もっとも、シナリオ1は、必ずしも古い学校のイメージというわけではない。例えば、現在でも既に行われているように、オンラインなどを活用して外国の学校と協働作業を行ったり、アダプティブ・ラーニング（適応型学習）と呼ばれるような、一人一人の理解度に応じてAIでカスタマイズした学習機会などは増えていくとする。また、従来は教科間の壁が厚く、教科を超えた連携は必ずしも活発でなかったが、シナリオ1は、より教科横断的で、現実の社会課題に即した学習の機会が増えると指摘する。

教師と生徒の関係性についても、基本的な構図自体は変わらないものの、かつてのように、テスト結果に基づいて教師が一方的に生徒を評価するというよりも、日常的に細かなフィードバックを積み重ねながら、一人一人の生徒の評価を、教師と生徒が一緒に作り上げていくような評価（学期末などに一括で評価する総括的評価に対して、このような評価のあり方を形成的評価と呼んでいる）が中心になるとする。

ただし、この報告書は、シナリオ1の課題も指摘している。デジタル化が進展すると、デジタル機器やソフトウェアなど、民間事業者の果たす役割がより一層拡大し、民間事業者が、教育の内容面や子供たち一人一人の心の動きや家庭の状況にまで、踏み込むことになる。そうしたデータの中には、子供たちの学力だけでなく、考え方や心身の発達状況、家庭の経済状況などに関するデータも含まれ得る。特定の民間事業者が、こうした国民に関する機微なデータを保有したり、アクセスできたりするようになってくるが、ここには大きなリスクも潜んでいる。当然、民間事業者の質も様々であるし、中には外国資本の会社もある。こうした重要なデータの流出や不正使用は、国家的なリスクにもつながりかねないことであり、報告書でも警鐘を鳴らしている。

最近の教育事情に詳しい方ならば、シナリオ1で描かれている学校の姿は、既に日本の多くの学校で生じている現象であることに気づかれるだろう。実際、シナリオ1は、4つのシナリオの中で一番現実的だ。確かに、今の学校システムに対して様々な批判があるにしても、それがすぐに崩壊するとも考えにくい。報告書でも、学校システムが存続する様々な理由を挙げている。例えば、多様化が進む中で、学校は、社会をつなぐ接点となったり、格差を是正したり、それぞれの国や地域に伝わる社会常識や社会規範を継承していく機能を担ったりしているが、これらはますます重要になってくるだろう。また、身近な問題として、近年、共働きの世帯が7割を超える中で、突然学校という仕組みがなくなったら、日中に子供を預ける場所がなくなってしまい、困る親が続出することになる。さらに、企業などの採用においても、世界各国でいわゆる「学歴シグナル」が一定の役割を果たしている側面もある。学校は社会の様々な仕組みと密接に結びついており、それゆえ、簡単には変わらない部分もあると指摘する。

シナリオ2：アウトソーシングが進んだ学校

2つ目のシナリオである、「アウトソーシングが進んだ学校」は、「機能分解が進んだ学校」と言い換えてもよいだろう。このシナリオは、シナリオ1でも述べたデジタル化がきっかけとなって、「教育の私事化」がより進行すると指摘する。その趣旨を理解するために、教育の歴史を少しだけ振り返っておこう。

近代的な教育制度が成立するまでは、教育は「私事」的に行われていた。つまり、かつての王侯貴族や富裕層は、個別に家庭教師を雇ってその子供たちの教育に当たらせていた。例えば、古代ギリシャ時代、マケドニア王フィリッポス2世は王子であるアレクサンドロス（のちの大王）の家庭教師としてアリストテレスを招いたと言われているし、戦国武将の伊達輝宗《だててるむね》が嫡男政宗《まさむね》の教育係として虎哉《こさい》禅師を招聘《しょうへい》したことも知られている。

時が経って、18世紀の産業革命期に入って近代的な学校制度が成立してくると、庶民でも教育を受けられるようになったが、同時に、教育は国民国家の形成を担うなど公的性格を強めてくる。公的機関が学校の設置・運営を担うとともに、教育の内容についても関与するようになると、教育は個人の手から離れていく。すなわち、私事性が薄れていったのである。

これに対して、再び「教育の私事化」へと向かう動きが生じているのだが、これには大きく分けて2つの考え方がある。

一つは、民間の主体による公教育への参入である。近代的な学校制度も、公的部門だけで完結するわけではない。例えば、学校で使っている教科書や教材、パソコン、ソフトウェア、実験器具など様々な商品やサービスの提供という形で、多くの民間企業が教育に参入している。また、公的な教育とは別の理念を掲げる場合もある。例えば、福沢諭吉《ふくざわゆきち》による慶應義塾《けいおうぎじゅく》、大隈重信《おおくましげのぶ》による東京専門学校（現、早稲田《わせだ》大学）の創立はもちろん、宗教法人が仏教やキリスト教などの理念に基づいた教育を行うために私立学校を設立して学校教育に参入していることも多い。こうした民間の主体による公教育への参入も、「教育の私事化」の一つの側面として解されている。

もう一つは、教育を個人による消費の対象としてのサービスとみなす傾向が強まることである。教育に関するものも含めて、どのようなサービスを選ぶかを決めるのは消費者自身である。どのレストランで食事するのかを決めるのと同じように、塾や予備校などの教育サービスについても、消費者である私たち自身が選択している。このシナリオの中で指摘されている「教育の私事化」は、この第二の点の方である。

教育をサービスとして捉える場合、サービスの提供者を公的な学校に限る必然性はなくなる。

アメリカでは、5歳から17歳までの子供の2・8%（2019年）が、学校に通う代わりに親によるホーム・スクーリングを受けているが、報告書では、こうしたホーム・スクーリングや私的に雇った家庭教師による教育、コミュニティで学ぶ形の教育などが、入り混じった状態で行われることを想定している。

報告書は、こうした傾向が進むメリットも指摘する。すなわち、教育サービスの提供者が増えることによって競争が進めば、教育の質の向上につながる。また、学習者側からすれば、学校だけでは十分に提供できない選択肢が増えることによって、より柔軟で多様な学習プログラムを選ぶことができるようになる。実際、オンラインなどでは、公的な学校ではなかなか考えにくいような、様々な工夫をこらした教育サービスが提供されている。

これまでの学校教育では、あくまでも学校の授業が前提にあり、プラスアルファの教育を希望する生徒は、放課後や休日に自分で塾や習い事に行くなどの選択をしてきた。しかし、デジタル技術の進展により、いつでもどこでもオンラインでつながることができるようになると、平日の授業中でも多様な選択をすることが可能になってくる。例えば、英語が得意な生徒が、学校の英語の授業の時間に別途オンラインでネイティブ・スピーカーの講師から個人レッスンを受けたり、数学が不得意で授業についていくのが難しい生徒が、授業の代わりにオンラインで家庭教師から数学を教わったりする、といったことも現実味を帯びてくる。

報告書では、こうした「サービス」の選択肢が増えることによって、教育アドバイザーのような新しい職種が生まれる可能性があるとする。確かに、消費者が選ぶサービスの選択肢が無数にある旅行業界などでは、旅行代理店が、顧客に適したサービスを紹介している。近年では、保険についても、各保険会社が提供する様々なサービスを紹介する窓口となる事業者が増えてきている。確かに、教育でもサービスの選択肢が増えてくると、塾・予備校や家庭教師選びなどについて助言するような新たな職種が誕生するかもしれない。

一方で、報告書は、このシナリオが抱える問題点も指摘している。それは、生徒ごとに様々な選択肢が広がっていけば、格差の拡大や社会的な分断を助長する可能性があるということだ。例えば、裕福な家庭の子供はお金を支払って、様々な選択をすることができる一方で、そうでない子供の場合には、公的な学校教育以外には何も選択肢がない、ということにもなりかねない。また、こうした問題は経済的な格差だけにとどまらない。経済的には豊かでなくても、保護者が熱心に教育の情報を集める家庭もあれば、経済的には豊かであっても、子供の教育に関心を示さない家庭もあるだろう。そうした家庭環境の差が、子供たちの格差に直結しかねないことから、報告書は「かつての学校の姿に戻るべし」という揺り戻しが起こるかもしれないとしている。

さらに、教育の提供者が多様化するということは、質の低い提供者が参入してくる可能性が高まることでもある。現在でも、塾や予備校、オンライン・通信教育などの様々な教育サービスがあるが、実際には玉石混交だろう。また、仮にホーム・スクーリングによって親が教えるとしても、様々な教科について、学校の先生以上にバランスよく教えることができる親が、どれほどいるだろうか。そのため、報告書は、教育の私事化が進む中でも、評価や基準設定など、政府による一定の介入が必要になると指摘する。

シナリオ3：地域ごとの特色化が進んだ学校

3つ目のシナリオは、「地域ごとの特色化が進んだ学校」である。学校というと、全国どこの地域でもあまり変わらないイメージがあるかもしれないが、分権化が進んで、それぞれの学校が所在するコミュニティのニーズが色濃く反映されてくると、都市部と農村部、山間部と沿岸部、寒冷な地域と温暖な地域など、そこにある学校の姿もまた大きく変わっていく。例えば、沿岸部の学校であれば、漁業や観光資源としての海の利用、海洋環境の保護、津波や高潮などへの防災対策など、海と付き合っていくことが教育上も重要なテーマとなる。学校が地域社会に溶け込み、その姿をより色濃く反映していく状態と言ってもよいだろう。

報告書では、このシナリオにおいても、学校の主要な機能は引き続き残るものの、古典的な学校のように、教師だけが指導するという状況は変わるとする。例えば、保護者や地域コミュニティの人、地域の様々な専門家などが教育に参画するようになり、地域資源の活用も進む。沿岸部の学校の例であれば、地元の漁師や水産品の工場、海洋環境の保護に取り組む団体、海洋関係の研究者などが教育に関わっていくことが期待されるだろう。また、従来のように学年ごとに分かれて授業を受けるというよりは、学年にとらわれず柔軟な形で授業が展開されることになったり、学習が行われる場所も、必ずしも教室や学校の中だけでなく、地域の海岸や森林、工場、農地などより多様なものになっていくとする。

地域ごとに多様なニーズに基づいた教育が行われることで、例えば、卒業証書や学位を取得することの意義が薄れる可能性もある。実際、国際的に著名な企業においても、必ずしも高い学位や資格などを求められない場合もあるようだ。例えば、アップル創業者のスティーブ・ジョブズ、フェイスブック（現メタ・プラットフォームズ）のマーク・ザッカーバーグ、ウーバーのトラビス・カラニック、デル・テクノロジーズのマイケル・デルなどは、いずれも世界的に知られる有名企業の創業者たちだが、実は、彼らはいずれも大学を卒業していない。そもそも、昨今の米国における雇用の半数は、大学の卒業証書を持たない人だというが、シナリオ3は、学位や資格よりも、何を学んだかという内容がより重視されるようになるとする。確かに、地域ごとに教育内容が特色化していくと、同じ学位や資格であっても、それらが保証する内容は大きく変わってくるし、その分、その意味も薄れていくかもしれない。

なお、シナリオ3が進む場合、学校のあり方について格差が生じる可能性がある。そのため、特に地域コミュニティの力が弱い場合には、国など様々なレベルによる規制や支援などが重要になってくると指摘する。

シナリオ4：融解する学校

最後のシナリオは、「融解する学校」である。このシナリオは、そもそも従来型の学校モデルを前提としていない。というのも、AIやVR（仮想現実）・AR（拡張現実）、IoT（モノのインターネット）などが高度に進んだ段階では、そもそも学校という形があまり重要でなくなるからである。実際、AIなどが様々な形で使われて、好きなときに学習できるようになれば、これまでのように決まった時間に登校する必要もない。また、これまでは教師が行ってきた学習内容の評価なども、AIによって瞬時に行われるようになる。

子供たちが、AIを自分のアシスタントのように使うようになれば、教育について、より一人一人に適した提案を受けることができる。従来であれば、子供たちがどんな知識やスキルが足りないかの判断や、外部の専門家など他の人と結びつけることは教師が行っていたが、このシナリオでは、そうした判断もAIが行うようになるとする。また、学校には子供を預ける場としての機能もあったが、AIが高度に発達すれば、大人がその場にいない場合であっても、機械が子供たちの安全管理まで担うことができるようになる。要は、これまで学校や教師が担っていた役割のほとんどを、AIが代替していくことになるとする。

さらに、AIなどの技術が高度に発達すれば、言語の違いも障壁にはならなくなる。国境や文化を超えて、様々な人と出会って交流したり、これまでは日本語訳がないからとあきらめていた豊富な外国のコンテンツに触れていくことも可能になるだろう。

このシナリオでは、AIが大きな役割を果たすため、学校や教師の役割は徐々に融解し、やがて消滅していくとする。ただ、AIも万能ではない。AIが働くアルゴリズムの透明性をどう確保していくのか、子供たちの教育や安全管理を本当にAIに全面的に任せることができるのか、といったことも含めて、なお考えなければならない重要な課題は残るとする。

学校の普遍的な役割

以上、若干単純化して描かれた4つのシナリオを見てきた。おそらくは、シナリオ1を基軸としながら、シナリオ2〜4の要素を一定程度織り交ぜた形が、これからの学校の姿となっていくだろう。その際、どのシナリオの要素が強いかによって、将来の学校のあり方や教師の役割が決まってくるが、OECDの報告書が述べているとおり、その判断は、現代を生きる私たち自身に委ねられている。

かつてと比べると、学校は変わってきているし、これからも変わり続けていくことは間違いない。ただ、学校という存在が必要なくなることはないだろう。例えば、外国からの移民や外国にルーツを持つ人が増えるなど、社会のあり方が変わる中で、社会的な規範や伝統・文化を継承していくためのプラットフォームとしての学校の役割は、これまで以上に重要になっている。環境問題が複雑化したり、生成AIや量子技術、フュージョン・エネルギーなど科学技術も高度化したりする中で、民主主義社会を支えていくための基盤となる知識や教養を身につけることもますます重要になっている。また、共働き家庭やひとり親の家庭が増えるなど家族の形が変わったり、少子化や都市化など子供たちと地域社会とのつながりが希薄化したりする中では、教師やクラスメイトと学校生活を一緒に過ごしていく場としての学校の役割は、むしろ重要性を増しているとも言える。

今の学校は、私たちにとって、いわば水や空気のように当然に存在するものになっている。ひょっとしたら、いざ失ってみるまで、その重要性に気づかないかもしれない。実際、震災やコロナ禍のような非常事態において、休校や学校行事の中止など学校の機能が失われると、いかに学校が重要な役割を果たしているのか、私たちは痛感してきたはずだ。普段はあまり聞くことがないかもしれないが、いざ学校がなくなると、子供たちからは「早く学校に行きたい」、「先生や友達に会いたい」という声が必ず出てくることが、もっともわかりやすい証左だろう。

学校が徐々に解体されていって、取り返しがつかない段階になってから、学校の役割を再認識するのでは遅い。もちろん現代とは同じ形ではないが、学校という仕組みは古代ギリシャやローマの時代から2000年以上にわたって存在している。歴史の流れを生き抜いてきた重みを意識しながら、普段から様々な可能性に思考をめぐらせることで、改めて学校の果たしている役割を考えていくことが必要である。

本節の最後に、2021年にユネスコが公表した報告書『私たちの未来を共に再考する――教育のための新たな社会契約』の一節を紹介しておこう。短い文章ではあるが、これからの学校のあり方を示唆しているように見える。

学校は教育の場として守られなければならない。なぜなら、学校は包摂性、公平性、個人及び集団のウェルビーイングの実現に貢献しているからであり、また、より正しく、公平で持続可能な未来に向けて世界が変化していくことを、さらに促進していくものであることが再認識されるべきだからである。

学校は、多様な集団が一緒になって、日常生活においては必ずしも向き合うことのできない挑戦や可能性に向き合うことができる場でなければならない。学校の組織、空間、時間、時間割及び生徒集団は、個々人が一緒に学ぶことを奨励し、可能にするように再設計されるべきである。

デジタル技術は学校を代替するのではなく、支援するように使われなければならない。学校は、人権を保障し、持続可能性やカーボン・ニュートラリティの模範となることで、私たちが描く未来のモデルとなるものでなければならない。（UNESCO, 2021）

おわりに

本書の執筆から4年ほど前になる2020年冬、筆者はOECD出向時に関わったプロジェクトについて解説した『OECD Education2030プロジェクトが描く教育の未来』(ミネルヴァ書房)を上梓《じょうし》した。横文字が多いこともあり、必ずしも読みやすい本ではないと思っていたのだが、幸いにして、予想を超えて多くの方々から反響をいただいた。

今から思い返すと、OECDでの経験を本にまとめることができたのは、日本に戻ってから勤務した文部科学省初等中等教育局教育課程課や独立行政法人大学入試センターでの経験が大きい。日本の学習指導要領の改訂や、大学入試センター試験から大学入学共通テストへの移行といった教育改革の具体的な文脈に接する中で、OECDでの議論が、自分の中でより明確なものとなっていった。何年も経ってから、「あのとき各国の教育省の人が言っていたのは、こういうことだったのか」と腑《ふ》に落ちて、膝を打ったこともある。

大学入試センターでの勤務を終えた2021年の春、文部科学省の初等中等教育局初等中等教育企画課に戻ったが、ここでは、義務教育制度や就学義務など多くの重要なテーマに携わることができた。とりわけ考えさせられたのは、不登校など様々な事情によって学校で学ぶ機会を失った子供たちと、夜間中学やフリースクールなどの場で支援しようとする方々の存在である。大多数の先生方は、本当に一生懸命に働いているし、そもそも、学校という仕組み自体が、子供たちのために作られたものだ。それにもかかわらず、不登校の子供たちが約20万人（当時）にも達するというのは大きな矛盾でしかない。これからの学校のあり方をどうしていくべきなのか、改めて考えるようになった。

翌2022年からは、ユネスコを担当する文部科学省国際統括官付で仕事をすることになった。ユネスコは、OECDと同じくパリにある国際機関で、OECD勤務時に訪問したことはあった。しかし、実際にユネスコの会議に参加してみると、OECDとはかなり雰囲気が違うことに驚いた。効率的な議論が重視されるOECDと比べて、ユネスコでは各国の参加や丁寧な議論が重視される。途上国も含めて加盟国数が圧倒的に多く、各国の代表が2、3分発言するだけでも何時間もかかってしまうため、ユネスコの会議は長時間に及ぶことも多かった。予定の時間では終わらずに、夜の8時、9時頃まで行われる「ナイトセッション」はもちろん、文字通り深夜12時まで行われる「ミッドナイト・セッション」が開かれたこともあった。

先進国を対象にしている分、OECDの方が新しい理論や豊富なデータに基づいた議論をしていると感じる部分もあったが、一方では、ユネスコが世界各地にある地域事務所などを通してフィールドワークを行っており、実体験に即した知見を持っていること、ユネスコの枠組みを通じて途上国への支援が活発に行われていること、各国にユネスコ国内委員会が設置されて相互の交流が行われていることなど、ユネスコならではの強みも感じることができた。また、ユネスコが国連の専門機関であることから、ニューヨークの国連本部やユニセフをはじめとした他の国連機関との連携も盛んである。こうした機能もOECDには見られないものであった。さらに、民間組織としてのユネスコ協会やユネスコの認定を受けた学校のネットワークであるユネスコスクールなどが世界的に広がるなど、官民を含めたユネスコならではの幅広いネットワークの広がりについては、OECDも大いに学ぶべきと感じた。

2023年に入ると、夏に日本での開催が予定されていたG7教育大臣会合の準備が本格化していった。近年、中国やインドの台頭によって、G7の存在感は下がってきているとは言われるものの、共通の価値観を有する同志国が集まって議論する意義は、今なお非常に大きい。G7というマルチ（多国間）での議論と、アメリカやドイツといったバイ（二国間）での議論を繰り返す中で、それぞれの国が抱えている課題も、より明確に見えるようになってきた。

図らずも、この数年で日本の教育制度や教育課程、大学入試といった教育の根幹の部分に触れながら、一方では、OECDとユネスコという教育に対して影響力を持つ二大国際機関、さらにはG7という国際的なサークルについて、それぞれの特徴や意思決定の仕組みについて、深く知ることができたことになる。

そうした中で、国内的な議論と国際的な議論のギャップを感じることも増えた。教育は社会の実情を踏まえて形成されているので、何が正解とは一概には言えないのだが、日本にいると、諸外国の優れた側面にばかり目が行きがちである。しかし、序章で述べたように、一時期は世界から注目されたフィンランドの教育も、いまやそうではなくなってきている。日本では注目度が高い国際バカロレアやイエナプランのような教育プログラムにしても、必ずしも世界的に普及していないのは、当然、それぞれに多くの課題があるからでもある。

国際的な教育の動向にしっかりと目配りしながらも、常に批判的な視点を忘れずに、日本の教育の強みを生かしていくためにはどうすべきか、冷静に考えていくことが必要だろう。本書が、その一助になれば幸いである。

現在、筆者は内閣府科学技術・イノベーション推進事務局に出向し、大学や国立研究開発法人に関することを中心に、科学技術政策に携わっている。これまで教育分野を中心に仕事をしてきた自分にとって、新たな学びと挑戦の日々は非常に刺激的である。同時に、科学技術が、経済安全保障や産業政策を含めた「国力」に直結していることを痛感しているが、その根底を支えるのは人材である。科学技術政策を論じる中でも、博士号取得者をはじめとした人材の育成・確保は避けて通ることのできない論点であり、初等中等教育や大学教育のあり方に議論が及ぶことも多い。我が国の将来を担う人材を育んでいく教育の役割の重要性を、改めて認識している。

最後になるが、本書の出版に際して、中央公論新社の工藤尚彦氏には、企画段階から長期間にわたって支えて頂いた。とりわけ、構成や文章の表現に至るまで、プロの編集者の視点から、ときに厳しい指摘も含めて数多くの重要な助言を頂いた。また、今回の出版の機会を作って頂いたのは、前著の編集を担当頂いた西吉誠氏（現、北大路書房）のお力添えによる。杉村美紀氏（上智大学総合人間科学部教授）、田村学氏（文部科学省初等中等教育局主任視学官）、千々布敏弥氏（国立教育政策研究所総括研究官）、奈須正裕氏（上智大学総合人間科学部教授）、松下佳代氏（京都大学大学院教育学研究科教授）、溝上慎一氏（学校法人桐蔭学園理事長・桐蔭横浜大学教授）の各氏には、本書の草稿を見て頂き貴重なご助言をいただいた。

この場を借りて、お世話になった皆様方に心より感謝申し上げたい。

２０２５年１月

白井　俊

Schooling, OECD Publishing, Paris.
OECD (n.d.) OECD Future of Education and Skills 2030: Project background.
UN (2022), Report on the 2022 Transforming Education Summit Convened by the UN Secretary.
UNESCO (2021), Reimagining Our Futures Together: A New Social Contract for Education, Paris.

The nature and use of inquiry-based learning in higher education, International Colloquium on Practices for Academic Inquiry. University of Otago.
Kelvin H. K. Tan, Charlene Tan and Jude S. M. Chua.（2008）, Innovation in Education: The "Teach Less, Learn More" Initiative in Singapore Schools, in *Innovation in Education*, Nova Science Publishers, Inc.
Young, M.（2008）, *Bringing Knowledge Back In: From social constructivism to social realism in the sociology of education*, Routledge.
Young, M and Muller, J.（2016）, *Curriculum and the specialization of knowledge*, Routledge.

【第五章】
Australian Government（Department of Education）（2014）, *Review of the Australian Curriculum Initial Australian Government Response*.
Australian Primary Principals Association（2014）, *The overcrowded primary curriculum: a way forward*.
Department for Education, U.K.（2011）, The Framework for the National Curriculum. A report by the Expert Panel for the National Curriculum review. London.
Ministry of Education（Singapore）（2013）, *Engaging Our Learners*.
Ministry of Education and Research（Norway）（2014）*Pupil's Learning in the School for the Future*.
Ministry of Education and Research, Norway（2015）, *The School of the Future*.
National Council for Curriculum and Assessment（2010）, *Curriculum Overload in Primary Schools-An overview of national and international experiences*.
OECD（2018）, *Curriculum-Flexibility-and-Autonomy-in-Portugal-an-OECD-Review,* OECD Publishing, Paris.
OECD（2020）*Curriculum Overload*: A Way Forward OECD Publishing, Paris.
Tett, G.（2015）, *The Silo Effect: The Peril of Expertise and the Promise of Breaking Down Barriers*, Simon & Schuster.（ジリアン・テット『サイロ・エフェクト　高度専門化社会の罠』文藝春秋、2016年）

【終　章】
市川昭午『教育の私事化と公教育の解体』教育開発研究所、2006年
白井俊『OECD Education2030プロジェクトが描く教育の未来』ミネルヴァ書房、2020年
宮寺晃夫『教育の分配論』勁草書房、2006年
National Center for Education Statistics（2022）, Homeschooled Children and Reasons for Homeschooling. *Condition of Education*. U.S. Department of Education, Institute of Education Sciences.
OECD（2018）, *PISA 2018 Results (Volume V): Effective Policies, Successful Schools,* OECD Publishing, Paris.
OECD（2020）, *Back to the Future of Education - Four OECD Scenarios for*

【第四章】
一般財団法人公正研究推進協会中等教育系分科会『中等教育の研究倫理　探究指導のためのハンドブック』一般財団法人公正研究推進協会（APRIN）、2024年
G・ウィギンズ、J・マクタイ（西岡加名恵訳）『理解をもたらすカリキュラム設計』日本標準、2012年
教育課程審議会「幼稚園、小学校、中学校、高等学校、盲学校、聾学校及び養護学校の教育課程の基準の改善について（答申）」、1998年
佐藤真久・田村学編著『探究モードへの挑戦』人言洞、2022年
中央教育審議会「幼稚園、小学校、中学校、高等学校及び特別支援学校の学習指導要領等の改善について（答申）」、2008年
中央教育審議会「幼稚園、小学校、中学校、高等学校及び特別支援学校の学習指導要領等の改善及び必要な方策等について（答申）」、2016年
藤原さと『探究する学びをつくる』平凡社、2020年
文部科学省「小学校学習指導要領解説（総合的な学習の時間編）」、2017年
文部科学省「中学校学習指導要領解説（総合的な学習の時間編）」、2017年
文部科学省「高等学校学習指導要領解説（総合的な探究の時間編）」、2018年
Banchi, H.,and Bell,R.（2008）,The Many Levels of Inquiry, *Science and Children*,46（2）,p26-29.
Ministry of Education and Research, Norway（2015）, The School of the Future Renewal of subjects and competences. Official Norwegian Reports NOU 2015 : 8.
Ministry of Education, New Zealand（2009）“Students’ Learning Approaches for Tomorrow’ s World”（https://www.educationcounts.govt.nz/__data/assets/pdf_file/0006/63087/PISA-2003-Student-learning-approaches.pdf）
Ministry of Education, New Zealand（n.d.）“New Zealand Curriculum”
National Research Council（1996）National Science Education Standards. Washington, D.C., The National Academies Press, https://doi.org/10.17226/4962.
OECD（2010）*Mathematics Teaching and Learning Strategies in PISA*, https://doi.org/10.1787/9789264039520-en.
OECD（2019）, *OECD Learning Compass 2030 A Series of Concept Notes*, OECD Future of Education and Skills 2030.
OECD（2020）, *Curriculum Overload: A Way Forward*, OECD Publishing, Paris, https://doi.org/10.1787/3081ceca-en.
OECD（2020）, *What Students Learn Matters: Towards a 21st Century Curriculum*, OECD Publishing, Paris, https://doi.org/10.1787/d86d4d9a-en.
Prince, M. J. and R. M. Felder.（2006）, Inductive teaching and learning methods: Definitions, comparisons, and research bases. *Journal of Engineering Education 95*, 123-138.
Spronken-Smith, R.（2012）, Experiencing the process of knowledge creation:

OECD（2019）, *OECD Learning Compass 2030 A Series of Concept Notes*, OECD Future of Education and Skills 2030.

【第三章】
小塩真司『非認知能力』北大路書房、2021年
国立教育政策研究所「非認知的（社会情緒的）能力の発達と科学的検討手法についての研究に関する報告書」（平成27年度プロジェクト研究報告書）、2017年
白井俊『OECD Education2030プロジェクトが描く教育の未来』ミネルヴァ書房、2020年
松下佳代「教育におけるコンピテンシーとは何か－その本質的特徴と三重モデル－」京都大学高等教育研究第27号、2021年
松下佳代『新しい能力は教育を変えるか』ミネルヴァ書房、2010年
リクルートワークス研究所「Works 57：コンピテンシーとは何だったのか」、2003年
Council of Australian Governments（2019）, Alice Springs（Mparntwe）Education Declaration.（www.educationcouncil.edu.au）
Dweck, C. S.（2006）, *Mindset: The New Psychology of Success*. New York: Random House Publishing Group.（『マインドセット：「やればできる！の研究」』今西康子訳、草思社、2016年）
Heckman, J.J., Humphries, J.E. and Mader, N.S.（2011）, THE GED, *Handbook of the Economics of Education*, Vol.3, pp.423-484.
Hipkins, R.（2018）How the key competencies were developed: the evidence base, New Zealand Council for Educational Research（www.nzcer.org.nz/research/publications/key-competencies-evidence-base）
Ministerial Council on Education, Employment, Training and Youth Affairs（Australia）（2008）, Melbourne Declaration on Educational Goals for Young Australians.
OECD（2005）, Definition and Selection of Key Competencies Executive Summary（http://www.oecd.org/pisa/35070367.pdf）.
OECD（2019）, *OECD Learning Compass 2030 A Series of Concept Notes*, OECD Future of Education and Skills 2030.
Rychen, D. S. and Salganik, L. H.（eds.）（2003）, *Key Competencies for a successful life and well-functioning society*. Hogrefe & Huber Publishers.（ドミニク・S・ライチェン、ローラ・H・サルガニック（立田慶裕監訳）『キー・コンピテンシー：国際標準の学力を目指して』明石書店、2006年）
Spencer, L.M. and Spencer, S.M.（1993）, *Competence at Work: Models for Superior Performance.* John Wiley & Sons, New York.（ライル・M・スペンサー、シグネ・M・スペンサー（梅津祐良、成田攻、横山哲夫訳）『コンピテンシー・マネジメントの展開』、生産性出版、2011年）

London.
Tiger Leap Foundation (2007), Tiger Leap 1997-2007 tiiger10_ENG.indd (educationestonia.org)
UNESCO (2023), Global report on teachers – addressing teacher shortage, Paris.
Wong, F.L.A., Quek, C., Divaharan, S., Liu, W., Peer, J., and Williams, D. M. (2006), "Singapore Students' and Teachers' Perceptions of Computer-Supported Project Work Classroom Learning Environments", Summer 2006: Volume 38 Number 4, *Journal of Research on Technology in Education*

【第一章】
外務省「開発協力白書（2015年版）」2015年
環境庁「環境白書（昭和48年版）」1973年
田瀬和夫・SDGパートナーズ『SDGs思考』インプレス、2020年
日本環境教育学会他編『事典 持続可能な社会と教育』教育出版、2019年
溝上慎一『幸福と訳すな！ウェルビーイング論』東信堂、2024年
村上由美子・高橋しのぶ「GDPを超えて－幸福度を測るOECDの取り組み」、サービソロジー6巻（2019）4号、2020年
OECD (2016), *PISA 2015 Results (Volume I): Excellence and Equity in Education,* PISA, OECD Publishing, Paris.
OECD (2017), *PISA 2015 Results (Volume III) Students' Well-being,* PISA, OECD Publishing, Paris.
OECD (2017), *How's Life? 2017; Measuring well-being,* OECD Publishing, Paris.
Ross, D.A., et al. (2020)," Adolescent Well-Being: A Definition and Conceptual Framework". *Journal of Adolescent Health 67*, 472 e 476.
UNICEF Innocenti (2020), Worlds of Influence: Understanding what shapes child well-being in rich countries, Innocenti Report Card 16, UNICEF Office of Research – Innocenti, Florence.
United Nations World Commission on Environment and Development (1987), Report of the World Commission on Environment and Development: "Our common future".

【第二章】
白井俊『OECD Education2030プロジェクトが描く教育の未来』ミネルヴァ書房、2020年
溝上慎一『社会に生きる個性』東信堂、2020年
Hart, R. (1992), Children's Participation : From Tokenism to Citizenship. Innocenti Essays No. 4, UNICEF (https : //www. unicef-irc. org/publications/pdf/childrens_participation. pdf).
Hart, R. (2008), Stepping back from "The ladder" : Reflections on a model of participatory work with children. In Reid, A., Jensen, B. B., Nikel, J. & Simovska, V. (eds.) *Participation and Learning : Perspectives on Education and the Environment, Health and Sustainability.* Springer.

主要参考文献

【序　章】
岩崎育夫『物語シンガポールの歴史』中公新書、2013年
白井俊『OECD Education2030プロジェクトが描く教育の未来』ミネルヴァ書房、2020年
恒吉僚子、藤村宣之『国際的に見る教育のイノベーション』勁草書房、2023年
二宮皓編著『新版 世界の学校－教育制度から日常の学校風景まで－』学事出版、2013年
古屋星斗、リクルートワークス研究所『「働き手不足1100万人」の衝撃』プレジデント社、2024年
Darling-Hammond, L., and Podolsky, A. (2019), Breaking the cycle of teacher shortages: What kind of policies can make a difference? *Education Policy Analysis Archives*, 27 (34).
Goldin, C., and Katz, L.F. (2010), *The Race between Education and Technology*, Belknap Press, Cambridge.
Kwek, D., Ho, J., and Ming Wong, H. (2023), Singapore's Educational Reforms toward Holistic Outcomes - (Un) intended consequences of policy layering, Center for Universal Education at Brookings.
OECD (2019), *OECD Learning Compass 2030 A Series of Concept Notes*, OECD Future of Education and Skills 2030.
OECD (2020), Education Policy Outlook in Estonia.
(www.oecd.org/education/policy-outlook/country-profile-Estonia-2020.pdf)
OECD (2020), Education Policy Outlook in Finland.
(www.oecd.org/education/policy-outlook/country-profile-Finland-2020.pdf)
OECD (2023), *PISA 2022 Results (Volume I): The State of Learning and Equity in Education*, PISA, OECD Publishing, Paris, https://doi.org/10.1787/53f23881-en.
OECD (2024), *Education Policy Outlook 2024: Reshaping Teaching into a Thriving Profession from ABCs to AI,* OECD Publishing, Paris, https://doi.org/10.1787/dd5140e4-en.
Tan, P. J., Koh, E., Chan, M., Costes-Onishi, P., and Hung, D. (2017), Advancing 21st Century Competencies in Singapore, Asia Society.
advancing-21st-century-competencies-in-singapore-education.pdf (asiasociety.org)
Podolsky, A., Kini, T., Bishop, J., and Darling-Hammond, L. (2016), *Solving the Teacher Shortage: How to Attract and Retain Excellent Educators.* Palo Alto, Learning Policy Institute.
Sahlberg, P. (2014) *Finnish Lessons 2.0*, Teachers College Press, New York and

白井 俊（しらい・しゅん）

1976年生まれ．埼玉県出身．東京大学法学部卒業．コロンビア大学法科大学院修士課程修了．2000年文部省（現・文部科学省）に入省し，同省生涯学習政策局（現・総合教育政策局），初等中等教育局，高等教育局，国際統括官付等で勤務．その間，徳島県教育委員会，OECD（経済協力開発機構），独立行政法人大学入試センターに出向．2023年8月より内閣府に出向し，現在，同府科学技術・イノベーション推進事務局参事官（研究環境担当，大学改革・ファンド担当）．

著書『OECD Education2030プロジェクトが描く教育の未来』（ミネルヴァ書房，2020年）

共著『「少ない時数で豊かに学ぶ」授業のつくり方―脱「カリキュラム・オーバーロード」への処方箋』（ぎょうせい，2021年）

『探究モードへの挑戦』（人言洞，2022年）

世界《せかい》の教育《きょういく》はどこへ向《む》かうか

中公新書 *2844*

2025年 2 月25日初版
2025年 5 月20日 3 版

著 者 白 井 俊
発行者 安 部 順 一

本文印刷 暁 印 刷
カバー印刷 大熊整美堂
製 本 フォーネット社

発行所 中央公論新社
〒 100-8152
東京都千代田区大手町 1-7-1
電話 販売 03-5299-1730
編集 03-5299-1830
URL https://www.chuko.co.jp/

Published by CHUOKORON-SHINSHA, INC.
Printed in Japan ISBN978-4-12-102844-0 C1237

中公新書刊行のことば

いまからちょうど五世紀まえ、グーテンベルクが近代印刷術を発明したとき、書物の大量生産は潜在的可能性を獲得し、いまからちょうど一世紀まえ、世界のおもな文明国で義務教育制度が採用されたとき、書物の大量需要の潜在性が形成された。この二つの潜在性がはげしく現実化したのが現代である。

いまや、書物によって視野を拡大し、変りゆく世界に豊かに対応しようとする強い要求を私たちは抑えることができない。この要求にこたえる義務を、今日の書物は背負っている。だが、その義務は、たんに専門的知識の通俗化をはかることによって果たされるものでもなく、通俗的好奇心にうったえて、いたずらに発行部数の巨大さを誇ることによって果たされるものでもない。現代を真摯に生きようとする読者に、真に知るに価いする知識だけを選びだして提供すること、これが中公新書の最大の目標である。

私たちは、知識として錯覚しているものによってしばしば動かされ、裏切られる。私たちは、作為によってあたえられた知識のうえに生きることがあまりに多く、ゆるぎない事実を通して思索することがあまりにすくない。中公新書が、その一貫した特色として自らに課すものは、この事実のみの持つ無条件の説得力を発揮させることである。現代にあらたな意味を投げかけるべく待機している過去の歴史的事実もまた、中公新書によって数多く発掘されるであろう。

中公新書は、現代を自らの眼で見つめようとする、逞しい知的な読者の活力となることを欲している。

一九六二年一一月

中公新書

言語・文学・エッセイ

j 1

- 2756 言語の本質　今井むつみ／秋田喜美
- 433 日本語の個性（改版）　外山滋比古
- 533 日本の方言地図　徳川宗賢編
- 2740 日本語の発音はどう変わってきたか　釘貫亨
- 2493 日本語を翻訳するということ　牧野成一
- 500 漢字百話　白川静
- 2213 漢字再入門　阿辻哲次
- 1755 部首のはなし　阿辻哲次
- 2534 漢字の字形　落合淳思
- 2430 謎の漢字　笹原宏之
- 2363 外国語を学ぶための言語学の考え方　黒田龍之助
- 2808 広東語の世界　飯田真紀
- 2812 サンスクリット入門　赤松明彦
- 1833 ラテン語の世界　小林標
- 1971 英語の歴史　寺澤盾
- 2407 英単語の世界　寺澤盾
- 1533 英語達人列伝　斎藤兆史
- 2738 英語達人列伝Ⅱ　斎藤兆史
- 1701 英語達人塾　斎藤兆史
- 2628 英文法再入門　澤井康佑
- 2684 中学英語「再」入門　澤井康佑
- 2637 英語の読み方　北村一真
- 2797 英語の読み方　リスニング篇　北村一真
- 2775 英語の発音と綴り　大名力
- 2836 使うための英語―ELF（世界の共通語）として学ぶ　瀧野みゆき
- 352 日本の名作　小田切進
- 2556 日本近代文学入門　堀啓子
- 2609 現代日本を読む―ノンフィクションの名作・問題作　武田徹
- 563 幼い子の文学　瀬田貞二
- 2156 源氏物語の結婚　工藤重矩
- 2585 徒然草　川平敏文
- 1798 ギリシア神話　西村賀子
- 2382 シェイクスピア　河合祥一郎
- 275 マザー・グースの唄　平野敬一
- 2716 カラー版 絵画で読む『失われた時を求めて』　吉川一義
- 2404 ラテンアメリカ文学入門　寺尾隆吉
- 1790 批評理論入門　廣野由美子
- 2641 小説読解入門　廣野由美子